第三の無意識

ウイルス時代の精神空間

フランコ・ベラルディ（ビフォ）

杉村昌昭

航思社

日本語版序文

Preface for Japanese edition

本書は〈ウイルス・パンデミック〉の時期に構想された。そのとき世界の歴史は中断され、人々はこの先どんな未来があるか自問した。

パンデミック〔感染の世界的大流行〕の時期は既知の次元から未知の次元への移行期、いわば想像するのが難しい世界への移行期と思われた。

この時期、二〇二〇年四月から私は昔からの友達や精神衛生の専門家などによって組織されたオンラインセミナーに参加した。

それを通して私は精神空間の変化について考察するようになった。つまり情感の共有、想像世界の共同的構築が行われる空間であるが、これは言い方を変えたら、集合的無意識の空間にほかならない。

私は週に二度、精神を病んでいる人々の治療に関わっている人々、心理療法家、孤独や自殺などの問題に関わっている人々、精神分析家、精神科医などに出会った。国籍も多様で、アルゼンチン人、スペイン人、チリ人、メキシコ人、イタリア人、ベルギー人、スイス人などがいた。すべての人が私のように年をとっていて、政治活動の過去を背負っており、一九六〇〜七〇年代に社会運動に参加した経験を有していた。

このセミナーでは、ウイルスが日常生活に及ぼした影響、性生活や労働に及ぼした影響が語られ、都市がパニックに陥り、市民のいなくなった街の孤独が語られた。また病院や精神衛生センターで何が起きたかという情報が取り交わされた。

週に二度、水曜日と土曜日にズームを通して集まり、おのおのの経験を語りあい、どんな本を読んでいるかを伝えあい、グローバルな心理空間や社会全体がこれからどうなっていくかについて仮説を交換しあった。

このセミナーに参加することによって、私は疫病の進化についてだけでなく、社会心理の進化についても理解を深めた。そしてそれはやがて未来のシナリオを想像することを可能にした。そうやって私は、私が〈第三の無意識〉と呼ぶことについて書くことになったのである。

もちろんこれは科学的表現とは言えない。二〇世紀の初めにジグムント・フロイトによってつくられた無意識という概念に歴史はない。しかし無意識が形成され方向づけられる諸条件は変化し進化する。そしてそれはもちろん歴史を有している。一九世紀の終わりにおけるヨーロッパの産業ブルジョワジーの時代には、無意識が形成される諸条件は性的禁忌と抑圧という個人的条件と結びついていた。しかしその後、時代は移り、とくに新自由主義グローバリゼーションの時代になって、この条件は想像世界の拡大と社会的リズムの加速化に置き換えられ、個人的神経症は分裂症的傾向に取って代わられた。ジル・ドゥルーズとフェリックス・ガタリの共同著作のなかにその説明を見いだすことができる。

この流れの延長上にある二一世紀に入って、何が起きているのだろうか。新世代の無意識にどんな変化が起きているのだろうか。デジタル環境のなかで形成され、ウイルス・パンデミックを経験し、ソーシャル・ディスタンスを強制された人々のなかで無意識はどう変化しているのだろうか。

二〇二三年五月、われわれはパンデミックから抜け出した。WHO〔世界保健機関〕がその終焉を公式に宣言したのである。しかしウイルスが動き回っていることに変わりはない。それは感染と変化の見えざる動因であるが、とくに社会的・文化的変化の動因でもある。

パンデミックの終焉はウイルスが社会的無意識にもたらしたトラウマの終焉を意味するわけではない。

私が本書で描いたのは、ウイルスによるトラウマのもたらす集合的無意識の変化である。社会生活の加速的活動の突然の停止とその持続による集合的無意識の変化である。

二〇世紀から二一世紀への過渡期の数十年間、人類は異常なリズムの加速化を経験した。生産、情報の加速化にくわえて、神経回路への電子的刺激の加速化。新自由主義ならびにデジタル化の影響と見なすことができるこの加速化は人々に極度の刺激と過重をもたらし、正真正銘の精神的鬱血に行き着いた。これはフェリックス・ガタリが最後の著作『カオスモーズ』[*1]（一九九二年）のなかで「カオスモーズ痙攣」と呼んだものである。痙攣は身体に痛みをもたらすが、同時に精神にも痛みをもたらす。痙攣は精神への過度の刺激によってもたらされるが、むしろ脳への刺激によるものとも言える。そこから精神的苦悩、焦燥感が生じ、最後には心的崩壊、抑うつ状態に陥ることになる。

パンデミックは当初から複雑な精神的影響を与えた。それは精神的デフレーション、社会活動や交換活動の劇的な縮小をもたらしたが、とくに刺激の縮小をもたらした。

しかしそれは同時に、恐怖、ソーシャル・ディスタンス、他者の身体への過敏な嫌悪などをももたらした。

パンデミックのあいだ、このトンネルから抜け出したとき何が起きるだろうかと、多くの人が考えた。社会的次元あるいは精神的次元でどんな傾向性が主流になるだろうかと。

われわれは連帯意識を再発見するだろうか、エロス的感性が再活性化するだろうか、他者の身体と触れ合うことの快楽が復活するだろうか。それとも恐怖感や距離感が持続的に内面化することになるだろうか。

現在われわれはこの問いへの答えを見始めている。

パンデミックの終わりかけの時期に、われわれは戦争に遭遇した。戦争がヨーロッパ、ウクライナ、ロシアで勃発した。地中海周辺でも至るところで起きている。

世界中至るところで戦争の太鼓が鳴り響いている。

パンデミックの出口で、われわれは猛り狂った攻撃性に出くわしたのだ。ウイルスは人類の絶滅に向かう集合的・個人的準備の時代の幕を切って落としたのである。

これはヘーゲルが理論化しフランシス・フクヤマが愚劣化した〝歴史の終焉〟とはなんら関

係のないことである。

現在進行している事態はそんなことではない。それは集合的無意識（あるいは切迫感の知覚的共有）が、われわれの身体が住み着いている生態圏や物理的・化学的環境が崩壊しつつあるという未来展望に着床したということである。

こうした恐るべき未来の黙示録的直観に対して、（人類「最後の世代」とも言うべき）新世代はさまざまに異なった仕方で反応するだろう。

しかし終焉のしるしが至るところで増加するだろう――新自由主義というかたちで再来しているナチズム、かつてのジェノサイドの犠牲者によって行われているジェノサイド、精神的抑うつ状態の蔓延、新世代のあいだに広がる自殺衝動。

われわれはウイルスによるトラウマが今後どのように変化していくかを知ることはできない。しかし現時点において、人間社会の崩壊が不可避であると考えざるをえない。なぜなら、近代の政治的・文化的防衛体制が暴力と絶望の危機を食い止めることができなくなっているからである。

しかし一般に予測不可能なことの存在は立証することができても、不可避的なことの存在は立証することができない。といって、むろんわれわれは予測不可能なことについて確かなこと

＊1　訳注――フェリックス・ガタリ『カオスモーズ』宮林寛・小沢秋広訳、河出書房新社、二〇〇四年。

は何も言うことができない。予測不可能なことは予測不可能なことである。

未来は予測できないのであり、〈第三の無意識〉の動向しだいで何が起こるかわからないのである。

第三の無意識 ウイルス時代の精神空間

目次

第三の無意識 ウイルス時代の精神空間

The Third Unconscious *The Psycho-sphere in the Viral Age*

【凡例】

・訳文中、原則として以下のように示した。なお、（　）と［　］はほぼ原文どおり。

『　』書名、雑誌名、新聞名、作品名など

傍点および〝　〟原文におけるイタリック体による強調

〈　〉原文において大文字で始まる語句

「　」原文の'　'

〔　〕訳者による補足説明

・注釈は＊で示して傍注として左頁端に掲載した。原注と訳注をあわせて通し番号を付し、訳注は冒頭に「訳注——」と記して区別した。

・引用されている外国語文献のうち、既訳があるものについてはすべて参照したが、本書の文脈・文体に合わせて新たに訳し直した。

序文

Preface

本書は現在進行中の「社会的〈無意識〉」の変化を探索するものである。私の観察は現在われわれが目のあたりにしているものに注がれる。すなわち、〔新型コロナ〕ウイルスのパンデミックと資本主義の破局的崩壊がもたらした歴史的境界線の事象である。この境界線から、われわれの前方には、カオス、疲弊、そして緩慢な絶滅の地平の広がりが見えている。

この変化は日本の哲学者高祖岩三郎によって見事に要約されている。高祖は著書『放射能と革命[*1] *Radiation and Revolution*』のなかにこのうえない明晰さで次のように書いている。「この事態は哲学的に見て、弁証法から内在性への――資本主義と国家による全体主義化から特異的出来事の遍在性への――存在論的変化である。この変化のなかには地球的規模の革命の展望が宿っている。それを〈世界〉の分解と〈地球〉の再発見を通して把握しなくてはならない」。

高祖による二〇一一年の福島原発の大惨事の啓示的解釈は、そのまま二〇二〇年の地球規模の破局的事態、原理的崩壊現象の止めようのない広がりと増殖〔放射能、ウイルス〕、あらゆる象徴的・政治的秩序の風化、長期にわたり否定されてきた〈地球〉の復活といったものを啓示的に解釈する鍵となる。そして今、かつてドゥルーズとガタリが〈脱領土化の大地〉と定義した抑圧され続けてきた〈地球〉が反乱し、津波、野火〔森林火災〕、ウイルス感染症などの力で、惨憺たる政治を一掃しようとしている。

　私が思うに、哲学や精神分析は、パニックに陥らずに、またカオスに対して自己防衛するのではなく、カオスや疲弊の地平を自らの思考の新たな出発点としなくてはならない。なにもかもが再定義されなくてはならない。とくに欲望、感情、恐れといった内面にあるものを再定義しなくてはならない。

　〈無意識〉は歴史もなければ前後の連続性も持たない領域である。〈無意識の歴史〉を書くことは不可能であろう。しかし、社会の精神空間の歴史を書くことはできる。その意味で、〈第三の無意識〉について語ることは可能である。第三の無意識とは、後期近代の精神環境のなかで無意識が身にまとう第三の形である。

「第一の無意識」の相貌はフロイトが探索した。フロイトは無意識を〈理性的発達〉の秩序化された構造のダークサイドとして捉えた。

　科学、教育、勤勉が近代の公的生活の柱であった。そして結婚、一夫一婦制、核家族が近代の私的生活の柱であった。

　フロイトは『文明への不満[*2] *Civilization and Its Discontents*』（一九三〇年）のなかで、社会的正常性は欲望の否定と〈衝動(トリーブ)〉（性的欲求と本能）の抑圧を強く求めるものであると主張した。二〇世紀初頭に支配的であったブルジョワ的な「正常性」の形態は、フロイトが「神経症」と呼ぶ特殊な苦悩形態を生み出した。近代的個人は日々の仕事をこなすのに忙しくて、自らの性的衝動を断念したり抑制したりせざるをえず、さらには忘却したりせざるをえなかった。これが発病のきっかけになる。かくして神経症はこの病理の一般的形態であった。

ところが二〇世紀の末にこの枠組みは変化した。情報領域の加速度的拡大と神経刺激（インターネットによるコミュニケーションと文化的グローバリゼーション）の増大が、欲望のシステマティックな抑圧と神経の精神病理的状態を危険水域にまで高めたのである。

こうした精神（サイコ）－文化的風景の変貌を最初に直観的に把握したのはドゥルーズとガタリである。彼らの共著『アンチ・オイディプス』[*3]は構造主義からリゾーム的創造的思考へのシフトチェンジをしるしづけたが、それだけでなく、概念を使って欲望のパンドラの箱を開けたために、快楽とは別の欲望のエネルギーの新自由主義的な超活性化を予想させるものでもあった。

ドゥルーズとガタリは『アンチ・オイディプス』のなかで、無意識とは、われわれが見たく

---

*1　Sabu Kohso, *Radiation and Revolution* (Durham: Duke University Press, 2020).〔未邦訳、高祖岩三郎『放射能と革命』〕

*2　訳注――フロイト「文化の中の居心地悪さ」嶺秀樹・高田珠樹訳、『フロイト全集20　1929－32年』岩波書店、二〇一一年／『幻想の未来　文化への不満』中山元訳、光文社古典新訳文庫、二〇〇七年。なお既訳では「文明」ではなく「文化」となっていることに留意。

*3　訳注――ジル・ドゥルーズ&フェリックス・ガタリ『アンチ・オイディプス　資本主義と分裂症』市倉宏祐訳、河出書房新社、一九八六年／宇野邦一訳、河出文庫、二〇〇六年。

ないことや思い出したくないこと、あるいは意識的生活のなかに持ち込みたくないことを保管する場所である、という考えを拒否している。無意識は劇場ではなく実験室である、と彼らは言う。無意識は絶えず想像力と経験の新たな可能性をもたらすマグマ的力であるというわけだ。しかし、『アンチ・オイディプス』の刊行から五〇年後の今日、われわれはドゥルーズ／ガタリの創造的思考を、両刃を有する両義的な（きわめて両義的できわめて豊かな）ものとして読むことができる。すなわち、「欲望の解放」というユートピア的未来と新自由主義的資本主義というディストピア的未来という両刃である。後者において欲望は、消費、競争、経済成長の動機として称揚され、快楽は絶えず後回しにされる。

メディアシステム全体が享楽の約束を繰り広げるために動員されてきたが、この情報の流れの加速化は人間の注意能力に負担をかけすぎ、快楽の可能性はつねに後回しにされて、最終的に到達不可能なものになった。そしてこの社会体制は新たな精神病理的体制を形状化するところとなった。それが最終的に精神病に至るパニック、うつ病としてここ数十年現れているのである。

パニックとは可能性を過剰に知覚するということであり、それゆえに快楽には到達できないという直観が生じて起きるものである。人がパニックに陥るのは、実際に経験することができない過剰な快楽を想定するからである。パニックはうつ病から逃れようとして起き、うつ病はパニックへの道筋から元に戻ろうとするときに起きる。これがポスト神経症的精神空間の内的ゆらぎである。

〈第二の無意識〉の時代には、神経症はもはや精神的苦悩の一般的様式ではなくなっていた。無意識の爆発が神経的な過剰刺激状態と精神的フラストレーションを引き起こしたために、精神病が神経症に取って代わったのである。

ネットワーク化された経験のリゾーム的つながりの旋風は、フロイトが〈内面の外地 Innere Ausland〉と呼ぶ無意識をおのれの領分から引きずりだし、精神病の爆発というかたちで外在化する。

私は、資本蓄積、記号生産、神経刺激のこうしたつながりを「記号資本主義」と呼ぶ。ガタリは、分裂症〔統合失調症〕は意味の自由な生産が行われる状態であることを示唆している。ガタリの考えによると、分裂症は、解放、創造、知識を表す決定的に重要な相貌である。しかし、これは資本主義の加速化の解放的側面にすぎない。そこには、ジャン・ボードリヤールが『象徴交換と死』[*4]（一九七六年）のなかで告発している、もうひとつ別の側面がある。すなわち、神経刺激〔誘惑、刺激、ハイパーリアリティ〕の息もつかせぬ加速化は、新自由主義グローバリゼーションと手を携えながら、人間の経験領域に混乱を引き起こすということである。

資本主義の精神病理は、不安、注意障害、パニックという特徴を有している。そして記号資本主義体制の最終的徴候はうつ病として現れる。社会的・感情的なリズムの強度に耐えられな

＊4　訳注——ジャン・ボードリヤール『象徴交換と死』今村仁司・塚原史訳、ちくま学芸文庫、一九九二年。

くなって、苦悩から逃れるには欲望とのつながりを断つことしかなくなり、その結果、現実との望ましいつながりをも断つことになるのである。

二一世紀という新世紀の第三の十年期〔二〇二〇年代〕に入った今日、〈第二の無意識〉の段階は閉じつつあるように思われる。われわれは、〈第三の無意識〉が形を現しつつある新たな精神空間に入りつつあるのである。無意識のこの新たな領域は簡単に定義することはできないし、予言することもできない。なぜなら、精神空間の進化は単線的ではないからである。精神空間は決定論で片づけることはできない。〈内面の外地〉に地図はないのである。なぜなら、フロイトが言うように、無意識には一貫性も論理もないからである。したがって、われわれは精神的風景がいかなる方向に向かうかを正確に知ることはできない。新型コロナ感染症のパンデミックがどんな精神的変化を引き起こすかもわからない。広範囲な経済的・社会的崩壊に行き着くことが予測されるにしても、である。

〈無意識の第三時代〉について語るとき、私はわれわれの意識、われわれの政治行動、われわれの詩的想像力、そしてこの移行期に展開される治療活動といったものによって形状化されることになる開かれた未来に言及する。安易に流れることには注意しなくてはならないが、少なくとも現在起きているこの精神的移行のいくらかの条件を素描することはすでに可能になっている。

出発地点はいま現在起きていることである。すなわち、われわれの集合的意識のなかへのコロナウイルスの参入だ。この生物（バイオ）－情報（インフォ）－精神的ウイルスは、われわれの社会的近接空間、われわれの感情的期待、われわれの無意識を変化させつつある。この現在進行形の変化がどこへ向かうかはまだぼんやりしているが、いくらかの一般的特徴はすでに明瞭になっていて、われわれの視野に入っている。第一に、われわれの身体の近接性が問題に付されるようになり、われわれの社会生活の一部分としての身体の存続がさらにいっそう危険にさらされるようになったこと。第二に、パンデミック時代における苦悩（医学的苦悩だけでなく、経済的苦悩、社会的苦悩、さらには精神的苦悩）の拡大が耐えがたいほどになり、感情に対する免疫形態が登場してきていること。自閉症や無感情症（アレキシシミア）が、精神空間の葛藤をきっかけに、他者の感情を感じること（また自分自身の感情を感じること）の拒否の内面化として出現しているということである。私が本書で描き出そうとするのは、不安の風景を背景にした輪郭のある変化の道筋ではなくて、変化の可能性を孕んだマグマのような原野である。

最初の第1部「境界線」で、集合的感性と集合的想像力の空間へのコロナウイルスの闖入の影響を描き出す。

第2部「切迫する精神空間」において、現在進行中の精神的変化のさまざまな分岐的方向が及ぼす性的領域、社会的近接領域、欲望の領域への影響について考察する。

最後の第3部「無になること」において、現在の私の視点から今世紀〔二一世紀〕の風景を描き出す。それは、身体的にも神経的にも老朽化し消滅しかけた世界である。世界の行方に広がるこの暗い霧を払いのけるには、新たな想像力の出現を待つしかないだろう。

ともあれ、これが無意識の新たな地平で起きていることであるとするなら、われわれは無意識が保管所ではなく実験室であるということをもう一度思い起こさなくてはならない。最も重要な問題は、無意識が何を知覚するかということではない。あるいは無意識がおのれの外に何を放出するかではない。問題は、〈第三の無意識〉がどのようにしておのれの悪夢から脱出する道を見つけることができるか、ということだ。

第 1 部　境界線

PART 1　On the Threshold

第I章

境界線と詩

Threshold/Poetry

ウイリアム・バロウズとフィリップ・K・ディックの共作小説は存在しない。イギリスの映画監督リドリー・スコットは、この二人の文学的傾向を交ぜ合わせた。つまりスコットは、バロウズの短編小説[*1] *Blade Runner (a Movie)*（一九七九年）のタイトルを自分の映画のタイトル[*2]〔*Blade Runner*〕として使ったが、この映画は、じつはディックの一九六八年のSF小説『アンドロイドは電気羊の夢を見るか?』[*3]を原作とするものであった。

一九八〇年代に進行した美意識の技術(テクノ)-文化的変化を象徴するこの映画は、バロウズとディックの想像力が出会った場所で出現したのである。

バロウズの短編小説のテーマは奇妙な伝染性の癌の蔓延だ。[*4]舞台は現代世界である。二〇世紀の終わり、一九八四年の反乱のあと、新しい病気が出現し、急速に広がる。この急性の癌は致死的な疾病であるが、同時に患者（バロウズの頭のなかには女性は存在しないので患者はつねに男性である）にとてつもない性的エネルギーを与えるものでもあった。医療機関が個人療法を禁止したにもかかわらず、加速癌の広がりに伴って、抗生物質などの医薬品を運ぶブレードランナー（刃物を持った運び屋）が町中を走り回る。バロウズの『ブレードランナー』は錯乱的テクストであり、映画に書名が使われたにもかかわらず、世間にはほとんど知られていない。

この錯乱にはある直観が包含されていて、それはバロウズの短編集『ア・プーク・イズ・ヒア』（やはり一九七九年に刊行された）にも現れている。[*5] すなわち、言葉はウイルス感染の一形態であり、ウイルスはわれわれが「文化」と呼ぶ変化の主要なメタファーである、という直観である。同書は黙示録的ヴィジョンを指し示して結末を迎える。

＊1 訳注――ウィリアム・S・バロウズ『ブレードランナー』山形浩生訳、トレヴィル、一九九〇年。

＊2 訳注――映画『ブレードランナー』監督：リドリー・スコット／出演：ハリソン・フォード、ルトガー・ハウアーほか／アメリカ／一九八二年。

＊3 訳注――フィリップ・K・ディック『アンドロイドは電気羊の夢を見るか？』浅倉久志訳、早川書房、一九六九年。

＊4 訳注――伝染性の癌は虚構の存在で、実際には癌は遺伝子が傷つくことで引き起こされる病である。咳やくしゃみなどの飛沫や、他人との接触などによって癌という病そのものが直接うつることはない。

＊5 訳注――ウィリアム・S・バロウズ『ア・プーク イズ ヒア』飯田隆昭訳、ファラオ企画、一九九二年。

バロウズは言葉をウイルスと見なしているようだ。つまり、言葉はウイルスと同じように、大昔は人間という生物の体のなかでじっとしていたのだが、人間がそれを拡散し変異させ現在のようなものに変形させたというわけである。

『爆発した切符』（一九六二年）のなかでバロウズは次のように書いている。「近代人は沈黙を失った。心のなかを言葉にするのをやめてみたまえ。そうしたら、あなたをしゃべらせようとする抵抗体に出会うだろう。〔…〕言葉は免疫がきかないという遺伝子的欠陥を持っているのである」[*6]。

バロウズが言うには、文化の起源は精神と環境のウイルス感染のなかに見いだすことができる。つまり、自然状態から文化状態への変化はウイルス感染によって可能になったということだ。このウイルスが分裂症的効果を引き起こした。つまり、直接的な知覚経験に対応する世界ではなく、意味の言語的構築物を伝達する架空の世界をつくりだすという傾向性である。この構築物の基礎はどこにも存在しない。なぜならこの構築物は、言語の世界をはるか彼方にある現実のスクリーンの上に投射したものにすぎないからである。

また同様に、イタリアの哲学者パオロ・ヴィルノは、二〇一三年に書かれた否定についての本 *Saggio Sulla Negazione* のなかで、次のように主張している。「言語は意味の探究という点で飛躍的進化を遂げた。つまり、誤解、矛盾、分岐、紛争、戦争といったものの果てしない連鎖を発動したのである」[*7]。

バロウズはこう書いている。「世界中のほとんどすべてのトラブルは、自分自身のやることのなんたるかを気にかけない一〇～二〇％の人々によって引き起こされてきた。彼らは天然痘ウイルスと同じように自分のやることのなんたるかを気にかけないのだ。そして今度は、そのウイルスが必然的に人々の細胞にも寄生することになる。邪悪な存在としか言いようのない寄生的ウイルスが、私が脳の〈まぎれもない中心〉と呼ぶ場所を占拠していることが、私には気にかかっているのである」[*8]。

バロウズはまたこうも書いている。

白人の開拓移民が、住処（すみか）としている洞窟のなかで、あるウイルスに感染した。そのウイルスは呪われた世代を通じて受け継がれ、今日、地球上の生にとって恐るべき脅威となっている。このウイルス、この昔からの寄生体は、フロイトが無意識と呼ぶもので、ヨーロッパの洞窟のなかで、すでに放射能を浴びた病める身体のなかで生まれたものである。この系統を引き継ぐ者は誰しも、この洞窟経験を持たなかった人々、それゆえこの致死的病気

---

*6　ウィリアム・S・バロウズ『爆発した切符』飯田隆昭訳、サンリオSF文庫、一九七九年、一七一－一七二頁。

*7　Paolo Virno, *Saggio Sulla Negazione* (Turin: Bollati Boringhieri, 2013).〔未邦訳『否定についてのエッセー』〕

*8　ウィリアム・S・バロウズ『デッド・ロード』飯田隆昭訳、思潮社、一九九〇年、一九〇－一九一頁。

に感染しなかった人々と根本的に異なっている。この病気は不潔な洞窟のなかで這いずっていた先祖から血と骨と神経のなかに引き継いだものである。彼らが洞窟から出たとき、彼らは自分がしていることを気にかけないようになっていた。彼らが自分のしていることを気にかけないのは、彼らがもはや彼ら自身に属していないからである。彼らはウイルスに属しているのである。彼らは、狂犬が見境なく嚙みつくように、人々を殺し、征服し、奴隷化し、破壊する。広島がその極みであった[*9]。

言語はウイルスの媒介主体であり、意識の経験を生物学的自然から分離し、同時に無意識を分泌する。そして、われわれが決して制御しきることができないこの最深部の異言語〔無意識〕がしばしばわれわれの社会的行動を取り仕切るのである。

言語ウイルスは分裂発動的効果を発揮する。なぜなら、それはわれわれを、直接的に現前するものから分岐した第二の世界へと導くからである。文化的世界は自然からの分裂であり、奥深い内部矛盾を孕んだ創造である。

バロウズの構築したものは本質的に分裂症的であるが、それは同時にフィリップ・ディックの偏執的構築物と完全に相互補完的である。

バロウズは病気と中毒のディストピア的メトロポリスを想像する。そこではドラッグが街路やメディアを中心に絶え間なく行き交い、神経システムを興奮と恐れの永続状態に置く。電子的アドレナリンの世界である。

このバロウズ的悪夢は、あたかも〔新型〕コロナウイルスのパンデミックとロックダウンのあとの地球の状態を描いたような様相を呈している。経済システムのあらゆる断片の医学的対象化であり、金融制度と政治制度の破綻である。

パンデミックの危険性が経済と政治の中心になる局面に入ってしまったために、われわれが正常な世界に復帰するのはまったく不可能に見える。バロウズをもう一度引用しよう。「電子革命において、ウイルスは言葉とイメージからなる極小の集合単位であるという説を私は提唱する。〔…〕このウイルスを解き放つことは原子の力を解き放つことよりも命取りになるだろう。なぜなら、そこには、あらゆる憎悪、あらゆる痛み、あらゆる恐れ、あらゆる欲望が含まれているからだ[*10]」。

ウイルスの拡散と広範囲にわたる生(ライフ)の医学的対象化のあと、何が到来するだろうか。生物学研究企業や政治制度のあいだで起きる地球規模の戦争だろうか、それとも逆に、生物遺伝子エンジニアと金融業界の神聖同盟だろうか。

われわれはバロウズの爆発的世界からフィリップ・ディックの収容所的世界へと徐々にシフトしている。広告システムは崩壊しつつある。なぜなら、広告はもはやアクセス不可能な世界

＊9　W・S・バロウズ「宇宙飛行士の帰還」渡辺佐智江訳、『おぼえていないときもある』浅倉久志・山形浩生ほか訳、ペヨトル工房、一九九三年、三三一－三四頁。

＊10　Daniel Odier, *The Job: Interviews with William S. Burroughs* (New York: Grove Press, 1974), p. 27.

を売り物にしているからであり、そのためテクノロジーメディアが生みだすものが刺激促進機械の模造のほうへ移行しているからである。総合的なテクノロジー幻像(マーヤー)[11]がおのれ自身の社会生活を分泌し、社会的距離(ソーシャル・ディスタンス)が経済や日常生活のリモート形態を指揮するルールとなる。

一九八〇年代にジャロン・ラニアー[12]が最初に推進したヴァーチャル・リアリティ技術は、当時インターネット黎明期の高揚感のなかで忘れられていたが、最近になってオキュラス・リフト[13]の登場によって再び促進されるようになった。そして近い将来、この技術はグローバルマインドのなかにまで触手を伸ばし、そこに共感覚をシミュレートするような人工的生命体を大量に注ぎ込むことになるだろう。

5G（第五世代移動通信システム）の技術が伝達能力を増強し、諸個人はますます多くの行為をオフラインからオンラインへと移行させることができるようになるだろう。しかしながら、この広域連携の強化は同時に、社会環境から抽出した（増加する一方の）大量のデータに基づいた全体的コントロールのための装置の機能を高めるだろう。

ちなみに、新型コロナ・パンデミックによる最近のロックダウンは、新たな社会的生活形態のための試行的実験の様相を呈している。ボディコンタクトが廃止されないまでも最低限に限られ、パンデミックの拡大に対する予防手段として諸個人の活動が中央管理されるという状態である。これは、人類の——少なくとも人間文明の——来(きた)るべき絶滅の先送りとも言うべき状態である。

ディックのカオス的で圧倒的な力を持った作品の最重要テーマは、われわれを取り巻きわれわれわれがそのなかで生きている精神環境が侵略される脅威の問題である。この脅威は外部と内部の双方から生じる。それは『スキャナー・ダークリー』[*14]のドラッグDのように、あるいはディックの小説に繰り返し現れる「キップル」のように外部からやってくることもあれば、ディックが好んで描き出す精神病のように有機的精神の内部から生まれることもある。

ディックは一九歳のとき分裂症と診断された人物で、精神病のテーマは彼の作品に一貫して流れている。

分裂症においては〈私的世界〉は限りなく広がり、〈共有世界〉の関係と意味のシステムをそこに組み込んでしまう。分裂症者は自分自身の組織原理を創造することによって、自分の心のなかにある現実の断片を再構成する。

---

*11 訳注——幻像（マーヤー）とはインド哲学の術語の一つで、現実に存在すると考えられる物質世界が幻影であるとするもの。

*12 訳注——Jaron Zepel Lanier（1960－）コンピューター科学者、音楽家、作家。ヴァーチャル・リアリティ研究の第一人者といわれている。訳書に『今すぐソーシャルメディアのアカウントを削除すべき10の理由』（大沢章子訳、亜紀書房、二〇一九年）、『人間はガジェットではない』（井口耕二訳、ハヤカワ新書、二〇一〇年）。

*13 訳注——オキュラス（Oculus）社が開発・発売していたヴァーチャル・リアリティヘッドのこと。二〇二一年までに製造を終了。

*14 訳注——フィリップ・K・ディック『スキャナー・ダークリー』浅倉久志訳、ハヤカワ文庫SF、二〇〇五年。

〈共有世界〉は、われわれが毎日行動し動いている世界（あるいは、われわれが行動し動いていると信じている世界）である。われわれが「現実」と呼ぶ社会的・経済的・情動的交換の圏域は、われわれがわれわれの心のなかにつくりだし、われわれの心のなかから外部に投影された〈私的世界〉とは区別しなくてはならない。

精神科医のなかには、分裂症を意味作用のなかへの過剰包摂形態と見なす者がいる。われわれが意味の飛行ラインに過剰に開かれるとき、またわれわれが記号に過剰な意味を付与するとき、あるいは周囲の環境がわれわれが解読しなくてはならないメッセージにあふれていると感じるとき、われわれの存在は困難で苦痛に満ちたものとなり、心が爆発しそうなカオス的状態に陥る。

しかし、どういうわけか、精神活動はそれ自体が侵略的作用主体であり、われわれの内部に住んでいるエイリアンのようなものである。無知——われわれの心の奥深くにあってわれわれに関係する何か（サムシング）をわれわれは知ることができないという事実——もまた侵略者である。

一九八二年のインタビューにおいて、ディックは『アンドロイドは電気羊の夢を見るか？』のなかの美しいレプリカント、レイチェルについて語っているが、レイチェルは自分が何者かを知らないアンドロイドであると述べている。

われわれはみなそうと知らずにエイリアンであるという考えは、たいへん広大な哲学的・心理学的パースペクティヴを切り拓く。

人間が数え切れないくらいの影響、衝動、行動の（文化的・技術的・歴史的）産物であるかぎり、われわれは自分が人間であると誤って信じ込んでいるアンドロイドであると考えてもおかしくはない。また、人間が言う自分自身という言葉は何を意味するのだろうか。この人間の「自分自身」とは、自分が客体ではなく「それ自体」として独立したものであると信じ込むように技術的・文化的に構造変化させられた生物学的身体を、自分の内部から言い表したもの以外のなにものでもないだろう。

ちょっとした想像

ここで、バロウズとディックが実際に一緒に小説を書いたと想像してみよう。彼らはちょうど今、二〇二〇年と二〇二一年にわれわれが経験していることに似通ったことを描いたのではないだろうか。つまり、環境的、金融的のみならず、精神的にも崩壊しつつある社会の内部に巣くう生物−情報−精神的ウイルスの増殖である。

グローバル社会は新型コロナウイルス感染症の激発によって困難な状況に陥ったのではない。この社会はすでに崩壊の瀬戸際にあったのだ。この重要な点を忘れないようにしよう。

このことは二〇一九年に起きた環境災害を考えただけでも明らかである。オーストラリア、シベリア、カリフォルニア、アマゾンなどの巨大な森林火災、グリーンランドや北極地方全域にわたる氷河融解、デリー〔インド北部〕の悪夢のような濃霧、さらにはアフリカにおけるイナゴの襲来などは、気候変動がすでに致命的な影響を及ぼしている証拠である。また、新型コロナウイルスの拡散に先立つ数ヶ月は、社会的痙攣に見舞われてもいる。すなわち、香港からサンティアゴ〔チリ〕、キト〔エクアドル〕、ベイルート、パリ、バルセロナ、テヘランといった広域にわたる巨大なデモと反乱の激増である。グローバル経済はすでに長期にわたる停滞に陥り、絶え間のない財政投資で生き残りを図っているが、社会生活と社会インフラの脆弱化を引き起こしている。精神的崩壊もまた、多くの国々における選挙民の報復的選択などの社会的・政治的行動のなかに明らかに見て取れる。今にもカタストロフが起きそうな気配が感じられる。

二〇一九年のアート・シーンは黙示録的意識に彩られている。とくに映画においてそれは際立っている。ウイルス激発の直前に多くのアーティストの敏感なアンテナが一種の病理的震動をキャッチしていた。たとえばケン・ローチの『家族を想うとき』[15]は精神的崩壊が不可避的に起きるような労働環境を描いている。またトッド・フィリップスの『ジョーカー』[16]は精神病者の社会的反乱に通じる精神的苦痛の拡散を描いている。ボン・ジュノの『パラサイト　半地下の家族』[17]は誰もが互いに闘いあう世界における生き残りのための熱狂的な苦闘を描いていて、そこでは、おのおのの社会階層が下の階層を圧迫して押しつぶし、ついには暴力の蔓延がすべてのヒエラルキーを破壊するに至る。

パンデミック以前の社会がすでに崩壊の最中にある社会であった。まさにそのときに、生物ー記号的病原体が大きな混乱、麻痺、沈黙を持ち込んだのである。

変異はどう起きるのか。それは先行する状況と矛盾していて合理的な解釈が不可能な出来事を起点として起きる。非意味的言表行為が、われわれが反対しえず、政治的コントロールがきかず、権力がそれを破壊する武器を有していない、そういった奥深く不可逆的な動きをつくりだす。

この変異のなかにはフィリップ・ディックの小説の要素が包含されているが、その要素の展開はウイリアム・バロウズの構想の流れに沿ったものである。

ウイルスは記録装置として働く。ウイルスはまず諸個人、次いで全住民の免疫システムを記録する。しかしそれにとどまらず、ウイルスの作用は、人々の恐れと社会的距離（ソーシャル・ディスタンス）の影響で生物学的空間から精神空間へと越境する。ウイルスは他人の身体に対する各人の身体反応を変容させる。そうすると性的無意識が組み替えられる。

われわれはこのプロセスを、性愛領域に深い影響を及ぼした免疫不全シンドローム〔エイ

＊15 訳注――『家族を想うとき』監督：ケン・ローチ／出演：クリス・ヒッチェン、デビー・ハニーウッドほか／イギリス・フランス・ベルギー／二〇一九年。

＊16 訳注――『ジョーカー』監督：トッド・フィリップス／出演：ホアキン・フェニックス、ロバート・デ・ニーロほか／アメリカ／二〇一九年。第七六回ヴェネツィア国際映画祭金獅子賞受賞。

＊17 訳注――『パラサイト半地下の家族』監督：ポン・ジュノ／出演：ソン・ガンホ、チェ・ウシクほか／韓国／二〇一九年（日本公開二〇二〇年）。第七二回カンヌ国際映画祭パルム・ドール受賞。

ズ」の時代にすでに経験している。しかし今回は、さらにすすんで、まさに社会的連帯の領域を危険にさらしているのである。

最後に、ウイルスのメディア的拡散についても言及しておこう。メディアは感染症の情報であふれている。人々の注意はメディアによって捕獲され全体主義化されている。しかし同時に、新たな感性が出現するかもしれない。過去が今までとは異なった仕方で知覚され、未来は混乱しているからだ。人々の過去における永続的と思われたつながりが記憶のなかで孤独と不安の徴候として立ち現れるだろう。そして、オンラインでのつながりが病的特徴を伴って無意識的に内面化されることになるだろう。

分裂発生する巨大な詩の流れ

この生物 - 情報 - 精神的回路を、われわれが現在置かれている境界線を越えるための認識様態に転化し、それを美学的観点から描き出す方向に向かわなくてはならない。

この境界線は光から闇への通路である。

しかしこの境界線はまた、闇から光への通路でもありうる。

グレゴリー・ベイトソンによると、境界線は分裂発生的過程が始まる地点である。革命でも新たな政治秩序でもなく、旧来とは異なる新たな有機組織体の出現の始まりである。

この分裂発生過程がひどい苦痛を伴うことを避けようと思うなら、ものごとに対して集合的に取り組む活動が必要とされるだろう。そしてこの活動は、記号、言語作用、潜在意識のさまざまな働きなどと取り組まねばならない。

これは言ってみれば詩の空間であり、新たな感性の配備に形を与える活動である。

現在インターネットの回路に沿って、断片的、散発的、拡散的、リゾーム的な仕方で、詩的爆発が起きている、と私は思っている。この数年私はインターネット空間を批判してきたが、このところインターネットは連帯と昇華の力量を見せてもいる。

デジタル・ネットワークによる人間のコミュニケーションの大きな変化が病理的なものであり、また残酷なものでもあることを私は知っている。サルマン・ラシュディが『キホーテ *Quichotte*』というバロック的・シュルレアリスム的な小説で、その根拠を示している。ラシュディはそのなかで、B. G.（グーグル以前）とA. G.（グーグル以後）を区別して次のように述べている。「われわれの生きるA. G.（グーグル以後）の時代は野次馬が支配する時代であるが、同時にスマートフォンが野次馬を支配する時代である[*18]」。

しかしながら、こうしたすべてを包摂するグローバルな流れのなかに、潜在的な変化に向かうシグナルも存在する。より洗練されたコミュニケーションの形が生まれつつあるように思われるのである。それは明らかに見て取れる。たとえば人々が時間のゆとりをもちつつあることだ。人々はカフェへ行って友達と話をする機会が少なくなり、もっぱらコンピューターの前で

*18　Salman Rushdie, *Quichotte: A Novel* (New York: Random House, 2019), p. 258.

デジタル化する。デジタル化するだけでなく、何かを書くようになる。治療効果を有する創造的な書記行為のプロセスが、ハイパーネット[*19]のすさまじいノイズを横切って広がっている。

数え切れないほどの意識的・感性的なネット利用者が、自分の身近で起きる小さな出来事を伝達しようとしている。そして彼らはテレビで見た大きな出来事を詳しく伝えようともしている。多くの人々が境界線上で自分の時間の断片を記録している——彼らはささやかではあるが映画をつくろうとしているのだ。彼らは自分自身の経験を表現するためにイメージと言葉を使っている。彼らは境界線の彼方にほのかに見えている新たなコスモス〔世界〕の布地を織っているのである。この新たなコスモスは、死につつある古いコスモスからすでに分裂的に分岐しており、世界を掌握し破壊していたカオス的な規則の罠からも脱却している。

精神分析的、政治的、審美的、詩的な性格を同時に備えた集合的探索が大規模に始まっているのである。

われわれはパンデミックのあいだ、行動、生産、生というものの意味の次元において深い裂傷を経験した。これは単に医学的な傷の話ではない。（われわれを苦悩させはしたが同時にわれわれが享楽もしてきた）文明、われわれが継承してきたこの文明の基盤こそが問われているのである。

パンデミックが終わってからも、われわれは公的支出の財政カットを受け入れ続けるのだろうか。われわれの町を住みにくくしている公害を受け入れ続けるのだろうか。膨大な軍事支出を受け入れ続けるのだろうか。

しかしまた、パンデミックが終わってからも、われわれは自分の近くに寄ってくる他人を胡散臭い目で見続けるだろうか。少し前に会った人に再会したとき、熱い抱擁を交わすことができるだろうか。

われわれが現在耐えているこうした意味の織物の裂傷のなかで、ある書記装置が動き始めた。分裂発生する巨大な詩が書かれようとしているのだ。この詩がめざすのは調和のとれた変化形態をつくりだすことである。変化を引き起こすウイルスの〈リトルネロ〉〔反復表現〕の機能を吸収しながら、その〈リトルネロ〉を諸個人、小集団、広範な大衆、社会的機構などの〈リトルネロ〉に結びつけ、コンピューターの社会的相互作用のソフトウェアを詩的につくり直すための協力態勢を打ち立てるということである。

なぜなら書くという行為は、煎じ詰めればコスモス〔世界〕にかかわる詩的活動であり、われわれに境界線を越えていくことを可能にしてくれるエネルギーにほかならないからである。

＊19　訳注――従来はオンラインの世界について、有線のネットワークとソフトウェア（ウェブなど）で構成されていると考えられてきたが、二〇一〇年代以後、有線インターネットに加え、スマートフォンやタブレットなどWｉFｉによるモバイルデータ・インフラを合わせたネットワークが「ハイパーネット」と一部で総称されている。

第II章

崩壊を超えて

Beyond the Breakdown

パンデミックのおかげで、われわれが五〇年前から考えてきたことを突然考え直さなくてはならなくなった。ありがたいことに神のおかげで（神はウイルスを保有しているのだろうか）、いまやわれわれは古びた仕事から解放されて十分な時間が持てるようになった。

三つの異なった主題について話そうと思う。一つめは人間の歴史の終焉についてである。これは現在われわれの眼下で展開されている。二つめは新自由主義モデルの解体の進行と資本主義の技術（テクノ）‐全体主義的再構成の危険が差し迫っていることについて。三つめは哲学的言説の舞台に死の問題が再来していること（近代主義によって長い間脇におかれたあと）について。

クリッター

ダナ・ハラウェイ[*1]は現在進行中のウイルス黙示録を最も早く予感した哲学者である。『困難を抱えて *Staying with the trouble*』（二〇一六年）のなかでハラウェイは、進化を牽引するのはもはや〈男(マン)〉でもなければ歴史の意識的主体でもないと主張している。[*2] 出来事のカオス的複雑性が意志の力と有効性の範囲を狭め無効にするため、歴史は活躍の場がないということだ。

この数十年で、〈歴史〉はゆっくりと〈女性史[*3] Her-story〉に取って代わられた。この置換は、パンデミックのなかで意志の不能がきわだって鮮明になったため、よりいっそう加速した。われわれは〈女性史〉を、準自然発生的主体、分子的実体、分裂発生的有機体といったものの内的・相互的結合の進化と呼ぶことができるだろう。これがいわばウイルスとして機能してアイデンティティを欠いた意識を誕生させるのだ。

このカオス的プロセスにおいて人間、とくに人間の意志の持つ中心性や〔相対的〕支配性が失われたのである。

この人間の〔意志の〕中心性の喪失を、われわれは近代的ヒューマニズムの喪失として嘆く

＊1 訳注――Donna J. Haraway（1944-）カリフォルニア大学サンタクルーズ校名誉教授。訳書に『猿と女とサイボーグ――自然の再発明』（高橋さきの訳、青土社、二〇〇〇年）など。

＊2 訳注――Donna J. Haraway, *Staying with the Trouble: Making Kin in the Chthulucene* (Durham: Duke University Press, 2016).

＊3 訳注――男の視点から見たヒストリー（history）ではなく、女の視点から見たハーストリー（Her-story）を指す。

べきだろうか。イエスでありノーである。もちろん（われわれの知的構成のなかに深く根付いた）われわれのヒューマニズム的感性は、この喪失を苦痛に感じるだろう。そしてもちろん、政治的不能感によって憤怒や絶望に囚われることもあるだろう。

しかしながら、われわれの知的想像力はヒューマニズムの刻印から、はみ出していかねばならない。われわれは変異の形態を引き受け、意識と進化の変異した関係を起点にして再考し新たな想像力を発揮しなくてはならないのだ。

われわれは、現代のトランスヒューマニズム的[*4]技術偏重主義に立脚したハイテクによる問題解決に満足を見いだすのではなく、変異した環境のなかで幸福の条件を再創造しうるような生のリズムを求めなくてはならない。

人間の歴史は終わった。歴史の新しい原動力はハラウェイの用語でいえば「クリッター」である。クリッターとは、創発的変異を引き起こす小さな奇妙な生き物のことである。バロウズはウイルスを生物学的、文化的、言語的変異の原動力として捉えている。クリッターは個体として存在するのではない。それは増殖過程として集合的に拡散するのである。

二〇二〇年は人間の歴史が溶解し始めた年として捉えなくてはならない。人間が〈地球〉という惑星から姿を消すからではなく、〈地球〉が人間の傲慢にあきれ果てて人間の〈意志と力〉を破壊するミクロ・キャンペーンを開始したからである。

〈地球〉は世界に反逆しているのであり、その動因となるのは、洪水、火事、そしてすべてのクリッター――物質的クリッター（ウイルス）、非物質的クリッター（詩的精神）――である。

〈進化〉の動因は、意識的、侵略的、頑強な人間ではなく、分子的なもの、制御不能なクリッターのミクロな流れであり、これが生産空間や言説空間に侵入し、歴史を〈女性史 Her-story〉として書き換えるのである。そのとき技術的〈理性〉は〈感性〉によって置き換えられ、感覚のカオス的生成との和合の過程が始まる。

ヒューマニズムは初期ルネサンスの哲学者たちが神学的決定論を排してつきとめた存在論的自由に基づいていた。神学的決定論は終焉したが、ウイルスが目的論的〈神〉の代わりに登場した。そしてその後の展開は以下のようなものであった。

意識的な政治的目的論は、感染性を有する多数の戦略の増殖に置き換えられる。分子的過程の拡散と増殖が〈歴史〉と呼ばれるマクロなプロジェクトに取って代わる。

思想、芸術、政治はもはや全体性（ヘーゲル的意味における全体性）を有するプロジェクトとは見なされなくなり、ミクロ－マクロ的な啓示的事態のカオス的生成のなかにおける肉体と魂の調和のための道具と見なされるようになる。

有用性

四〇年にわたる新自由主義の加速化のあと、金融資本主義の疾走は突然停止し始めた。数ヶ

＊4　訳注——科学技術を用いて人間の身体や認知能力を進化させようという思想のこと。

月にもおよぶ世界的ロックダウン、生産過程あるいは人や物の大きな流れの長期にわたる中断、パンデミックによる悲劇的事態……こうしたすべてが資本主義のタイナミズムを不可逆的に抑止しつつある。グローバル資本を政治的・金融的レベルであやつる力が、膨大な金を注ぎ込んで経済を必死になって救おうとしているが、何億何兆とゼロをいくら増やして単位を上げてもゼロに戻るだけのことで、空しい努力と言わねばならない。

結局、金はたいして意味がないことが突然明らかになったのである。

なぜ死体に金をあげなくてはならないのか。死体に金を注入したらグローバル経済の身体が生き返るのだろうか。そんなことはあるまい。供給も需要も金の刺激に免疫ができたのである。なぜなら、この不況は、（二〇一八年のように）金融的原因で起きているのではなく、身体の崩壊によるものであり、身体は金融とは無関係だからである。

われわれは労働－金－消費のサイクルの向こうに通じる境界線にさしかかっているのである。いつか身体が隔離監禁状態から抜け出したとき、時間、仕事、金のあいだの関係を再調整し、負債の返済をどうするか、といったようなことは、もはや大きな問題ではなくなっているだろう。EUは人々に負債を払わせようという強迫観念によってほとんど破滅しかかっている。パンデミックの期間に病院では人工呼吸装置が急速になくなり、医者は疲労、不安、恐怖で途方に暮れ、数十万の人が死んだ。

この状況は金によってもたらされたのではない。なぜなら金は問題ではないからだ。問題は、われわれが何を本当に必要としているかだ。生にとって、共同体にとって、精神的癒しにとって、何が有効か、ということだ。

　二〇二〇年春、金は在庫切れの保護マスクを買うことはできない。ヨーロッパの新自由主義的医療制度によって破壊される以前の集中治療施設を買うことはできないし、まだ開発されていないワクチンを買うことはできない。

　その後、ワクチンは開発されたが、製薬会社の特許権が妨げとなって、十分な量は生産されなかった。

　つまり、金は魅力と権力を失ったのだ。しかしわれわれの社会的連帯精神と科学的知性は生きている。そしてそれらは政治的力を発揮することができる。そうであるがゆえに私は、われわれは世界的監禁状態が終わっても元のままの状態に戻ることはないだろうと考えるのである。パンデミックのあとに何が起こるかまだわからない。それは予測不可能なことなのだ。

　われわれは政治的二者択一に直面している。すなわち、技術（テクノ）全体主義システムが暴力と超搾取によって資本主義経済を再発進するか、あるいは人間的な活動がわれわれを資本による抽象〔窃取〕から解放し、有用性と平等性に基づいた分子的社会が出現するかである。

（ウイルスによって起きた）事態のカオス的凝固の増殖が、資本主義的抽象化による世界支配を塞き止めると同時に、世界規模の自動装置がそのデジタル技術（テクノ）コントロールのネットワークの作用を強化しつつある。

　中国政府はすでに技術（テクノ）全体主義的資本主義を巨大なスケールで実験しつつある。個人的自由を公衆衛生のために一時的に排除して、社会生活を技術（テクノ）全体主義によって再構成することが、今後支配的潮流となるだろう。これはジョルジョ・アガンベンが最近のテクストのなかでいみじくも指摘していることでもある。[*5]

アガンベンは現在の緊急事態とこれから起こりそうなことの様相を描いている。しかしわれわれとしては、起こりそうなことにとどまるのではなく、可能なことに向かって動いていかなくてはならない。可能なことは、資本の抽象化作用の機能不全のなかに見つけられるし、具体的必要性を帯びた具体的身体が劇的に復帰してきたことのなかにも見いだすことができる。

経済のフィールドから長いあいだ排除されていた使用価値が戻ってきた。資本主義的な抽象的価値化プロセスによって否定され長いあいだ忘れられていた有用性が、いまや社会的なもののフィールドの中心を占めつつある。

ロックダウンのあいだ大空はきれいだった。車が走らなかったので大気汚染はましだった。われわれはこれから、空気を汚し、人を搾取する経済に戻るのだろうか。交換価値のために資本の蓄積と無用な加速化による狂乱的破壊に戻るのだろうか。おそらくそういうことになるかもしれない。われわれはどんな犠牲を払っても経済成長の幻想に回帰するだろう。しかしそれは機能しないはずだ。そしてカオスが広がるだろう。

元通りの状態に戻るという望みは放棄しなくてはなるまい。われわれは有用なものの生産に基づいた社会の創造を考えなくてはならないのである。

今現在われわれは何を必要としているのだろうか。それはワクチンであり、防護マスクであり、集中治療施設である。そして長い目で見れば、食物であり愛情であり喜び〔快楽（プレジャー）〕である。

さらに言うなら、やさしさと連帯とつましさである。

それでも資本主義権力は、社会をコントロールする技術全体主義システムを押しつけようとしている。しかしそれに取って代わるものも出現しつつある。資本蓄積と経済成長の強要から自由になった社会であり、つましさと平等に基づいた社会生活である。

喜び

私が考えてみたい第三の点は、死というものが人間生活を規定する特徴として回帰してきたことである。資本主義は死を克服するためのとてつもない試みであった。資本蓄積は市場における価値の抽象化や生の人工的持続を行う。それはいわば死の〈代用品〉なのである。

工業生産から情報労働への切り替え、コミュニケーション空間における接続から連結への切り替えは価値の抽象化レースの終結点であり、資本主義の進化の主要な道筋である。

パンデミックの最中、接続は禁止された。ステイホーム、友達と会うな、人との距離を保て、誰にもさわるな。その結果、不可避的にオンラインでの時間潰しが大規模に進行した。すべて

＊5 Giorgio Agamben, 'Lo stato d'eccezione provocato da un'emergenza immotivata'〔未邦訳「いわれなき緊急対応による例外状態」〕, *il manifesto* (26 February 2020) and 'Quando la casa brucia'〔未邦訳「家が燃えるとき」〕, *Quodlibet* (5 October 2020).

の社会関係――労働、生産、教育など――が、人との直接接続がないこのネット空間に移行した。オフラインの社会的交換はもはやできなくなった。このあと何が起きるのだろうか。

アガンベンが予言するように、おそらくわれわれは全員連結型ライフスタイルという全体主義地獄に入ろうとしているのだ。しかしこれとは別のシナリオもありうる。

連結が過剰になり呪いが解けたら何が起きるだろうか。パンデミックが終息したら（そう仮定しての話だが）、新たな心理的自己認識が確立されるかもしれない。つまり、「オンラインは病気である」という認識だ。死についての膨大なおしゃべり、頭のなかにおけるパンデミックと死の共鳴といったものが、人々の精神空間に抑うつ的影響を引き起こすかもしれない。あるいはそれとは反対に、われわれの時間感覚を喜びの経済的延期よりも喜びの直接的享受〔享楽〕に向かって再活性化するかもしれない。

パンデミックが終わったときに、そして長い隔離期間が終わったときに、人々は仮想空間における連結、他人との隔たり、技術全体主義的統合といったものの果てしない虚空に沈み続けることになるかもしれない。その可能性は大きい。しかしわれわれは、ありそうなことだけに自己限定するのではなく、現在の背後に隠されている可能性を発見しなくてはならない。

数ヶ月におよぶオンライン連結のあと、人々は自宅から出て、他人との接続を求めようとするだろう。連帯と愛情交換の運動が起きて、人々をオンライン連結の支配から解放へと導くだろう。この愛情交換の運動を推進し、押しつけられた距離化の時代におけるエロスの再発明を想像し創造しなくてはならない。

死はつねに生活風景の背後にひかえている。人間が死を免れないという事実から目を背けないことが真に人間を生きさせるのだ。

第Ⅲ章

ウイルスの記号論

Semiotics of the Virus

ウイルスの嵐は政治的・社会的権力をものともしない。そして可能性のカオス的な流れが進化の過程に入り込んでいく。

〔そうなると〕過去の社会的基準は物事を測定したり比較したりすることができなくなる。経済学が確立した優先順位は機能不全に陥り、ウイルスの増殖によって揺さぶられた社会生活の生成変化を把握することができなくなる。

政治的想像力の基本的ドグマが力を失い、われわれは肉眼では見えない世界のカオス的出来事を治めることができない政治の無力を目撃している。近代の政治的シーンの主役であった意志の機能の影響力が曖昧になったのである。

人間は数百年にわたり、自らの限界を忘れ、政治的全能と科学的全知を有しているという錯覚に陥ってきた。

しかしいまや次のことが明らかになっている。すなわち〈自然〉の複雑さはわれわれの理解をはるかに超えるものであり、世界のカオス的特徴はまったくわれわれの手に負えるものではないということである。

自然をコントロールしていると思っている者は滑稽で哀れにすら見える。国家的威信と民族的優越のために戦う人間は、自分が何をしているか理解しないまま、そこらじゅう歩きまわりながら遠吠えしている狼のようなものである。

経済学者、企業家、金融業者などは、呪文を唱える往時の魔術師のように金(かね)の数字ばかり追いかける。彼らは金融的抽象化〔窃取〕の神秘的空間に金を投入することによって恐慌や不景気の波を手なづけることができると思っている。しかし彼らの扱う天文学的数字はパンデミックの拡大を防ぐことはできなかったし、彼らは速やかな回復にも失敗している。

長期間続いたロックダウンの結果、多くの労働者が職を失いつつある。労働、賃金、市場のこれまでの均衡は財政出動によってどれくらいの期間維持できるのだろうか。

経済と生活の非対称的関係が露呈するのははじめてである。金の抽象化作用は空無になりつつある。変異ウイルスから出現した世界は新たな概念を通して解釈され組織されなくてはならない。そして社会活動は賃金労働の枠組みから外れたかたちで組み立てなおさなくてはならない。

近代の歴史は、出来事、行為、関係などをめぐる〈経済〉の記号論的コードで構造化されてきた。そうした〈経済〉的コードの処理装置(レジスター)によって記号化された枠組みのなかでは、時間は値付けされ、価値の源泉として数学的に測られるようになった。

数学はこうして、近代を通じて社会的機能空間を拡大した。金融資本の蓄積は、最終的にすべてのものを数学的機能に還元することに立脚していた。

他のレジスターは外に開かれていて、そのコードは濾過装置として機能する。〈政治、イデオロギー、宗教によって表現される〉神話的レジスターと、〈性関係、友愛、欲望、〈無意識〉によって表現される〉精神‐感情的レジスターは、社会的精神空間で機能する。しかし資本主義の物語の織り糸は〈超コード〉（すべての記号作用を記号化するコード化）であり、これが現実や経験のあらゆる断片を抽象化作用によって包摂していくのである。そして最終的に、人間生活の全領域を有無を言わせぬ経済的コードのなかに押し込める。

神話的コードは時折、経済的空間に入り込み、〈経済的コードとは〉異なった優先順位を課すことがある。つまり平等、降伏、平和、民族、アイデンティティなどを優先するのである。革命は社会的再生産の秩序を揺さぶり、通常の生活形態のなかにイデオロギー的あるいは宗教的な原理を挿入しようと試み成功することもある。しかし最終的には、経済的コードが再び優位に立つようになる。

経済のゲームマスターは「オルタナティヴはない」[*1]と言う。

〈経済発展〉のための記号論的領域〈経済発展は人間行動の全域にわたって設定されていることを念頭に置こう〉の内部において、〈経済〉的原理は人間のくわだてをコード化する普遍的様式として完全に機能する。〈経済〉発展は〈成長〉と〈蓄積〉を意味する。

成長の概念は経済的枠組みのなかで福祉や有用な商品や快楽の経験などの量に関係するものではない。そうではなくて、成長とは、大量の商品やサービスを通貨に換算して抽象的にコード化することを基準とするものである。したがってこの抽象的価値の蓄積は、抽象的労働に変えられた人間的時間の搾取の結果なのである。

しかしいまや経済発展の展望は薄れて消えつつある。

資源の枯渇ならびにわれわれの神経エネルギーの磨り減りが経済発展を終焉に導いている。景気停滞が長びき、剰余価値のなりふりかまわぬ追求が、無用なものの生産、破壊的道具の生産、病気や死の積極的生産へシフトし、そのため社会の破壊へ向かっている。

一九七二年『成長の限界』[*2]が刊行されてから、われわれは成長可能性の終焉が差し迫っていることを知らされてきた。それ以降、資本の拡大は有用な物や有益なサービスに依拠することがますます少なくなり、地球の自然資源、労働者の神経資源、空気や水の質したがって生活の質、といったものの破壊を伴う生産にますます依拠するようになっている。われわれは〈絶滅〉の記号的地平に〈経済発展〉の記号的地平がかすんで消えかかっている。

＊1　訳注——原文は“There is no alternative”。イギリスの首相サッチャー（在任一九七九－九〇年）が新自由主義的構造改革を進める際、議会答弁で連発したフレーズである。略して「TINA」。

＊2　訳注——ドネラ・H・メドウズほか『成長の限界——ローマ・クラブ「人類の危機」レポート』大来佐武郎監訳、ダイヤモンド社、一九七二年。

入りつつあるのだ。二〇二〇年がターニングポイントであった。一一月のニューデリーの〔工場からの排ガスや野焼きによる〕むせかえるような煙、一二月のオーストラリアの山火事のあと、われわれは〔新型コロナ〕ウイルスの増殖によって発動した全社会的変異の時代に入った。この肉眼では見えないものの凝集体が価値化と蓄積の抽象機械の作動を停止させたのである。

これまで優先的な尺度であった〈経済〉の記号的コードが、いまでは〈バイオ Bios〉という新たなコードで置き換えられている。

生命圏(バイオスフィア)には、〈経済〉の抽象的コードに還元することはできない作用因子が動き回っている。ウイルスは〈普遍的な再コード化〉因子である。

経済優先のシステムは〈現実生活〉を解釈しコード化することができなくなり崩壊しつつある。〈現実〉に起きているのは以下のようなことである。森林火災、氷河の融解、大気汚染、パンデミックなどなど。それゆえ現実生活はデジタル・ネットワークに置き換えられ、身体による接続は機械による接続に取り替えられた。

ウイルスによる再コード化とデジタルによる再コード化は、現代の文化的進化のなかでパラレルに進んでいる。ガブリエル・エイラとニコラ・ギグーはウルグアイのオンラインマガジンに掲載した論説のなかで、ウイルス・パンデミックをアナログ資本主義からデジタル資本主義への技術(テクノ)-文化的変容という文脈で捉えている。彼らはウイルスの増殖、生物的カオス、技術(テクノ)-言語的自動化といったものを、きわめて興味深い仕方で結びつけている。

ウイルスはむしろ蛋白質のなかに貯蔵された情報のアルゴリズム（DANとRNA）である。ウイルスの情報は生物と同じく進化し再生産される。しかしウイルスは寄生する宿主を必要とする。ウイルスのなかに含まれる情報は細胞膜が破れて流れ出た情報を再プログラム化する能力を有している。再プログラム化はデータ変質の危険をもたらす。しかしこれがウイルスの変異を助ける。[*3]

エイラとギグーによると、二〇世紀のアナログな皮膜は二つの変異的流れの連結によって破れた。一つは社会的言語のデジタル化、もう一つはウイルスの拡散であり、後者は三つの異なった社会的次元で作動する。一つめは、人間の免疫力がウイルスとの身体的接触によって再プログラム化されること。二つめは、経済活動が阻止されて緩慢になり最終的に危機状態に陥ること。三つめは、精神が紛争や将来展望の劇的変化によって深い影響をこうむること。市場の見えざる手はこのような二重の急激な変化〔ウイルスとデジタルによる再コード化〕によって再構成されることになる。

デジタル・ネットワークはこの三〇年来、市場のダイナミズムを加速化したが、パンデミッ

＊3　Gabriel Eira and Nicolás Guigou, 'De virus, capitalismo analógico y virtual', *Hemisferio izquierdo* (25 April 2020), https://www.hemisferioizquierdo.uy/single-post/2020/04/25/de-virus-capitalismo-analógico-y-virtual/〔未邦訳「ウイルス、アナログ資本主義、ヴァーチャル資本主義について」〕

クによってこれが阻止された。
エイラとギグーは次のように指摘している。

ロックダウンは、小部分、趨勢、対立が特異な構成で凝集する合体効果を生みし、これが二一世紀資本主義のホムンクルス〔人造人間〕を誕生させる。このホムンクルスは人間でもなければ個人でもない。このホムンクルスは、アナログ資本主義的過去の乗り越えに順応し、ロックダウンによる監禁生活のあいだトレーニングをしていた。このホムンクルスはコンピューターの画面を見ない。画面のなかに侵入し、新旧の接続を身体のなかに素直に受容する。このデジタル資本主義においてはアダム・スミスの言う市場の見えざる手がキーボードとスマートフォンの小画面とやりとりする。〔…〕こういったコミュニケーション環境になじめない者、デジタルワークの変容に従うことのできない者、こういった者は不要な人間となるのである。[*4]

エイラとギグーが描いているシナリオ——人間のロボットへの漸進的服従——はリアルではあるが不十分だと私は思う。主体的不安がスムーズに解消され、経済サイクルがゆっくりと正常化するとはかぎらないからである。
資本主義の歴史はこれまで有用なものに対する抽象的なものの支配の拡大の歴史であった。

しかしいまや、抽象的なものに向かう競争は、増殖する具体的なもの、すなわちウイルスの参入によって遮断され停止しつつある。

〈バイオ〉が技術（テクノ）-言語的自動装置の鎖を断ち切り、すべてのものの絶滅の地平が見えてきている。絶滅の可能性が、社会空間におけるすべての出来事、行為、記号の再コード化をもたらしつつある。

ある意味でエイラとギグーの描いている再コード化について語ることは可能である。つまり生活のすべてがデジタル的に再コード化されるかもしれないということである。しかし見方を変えると、これまでの枠組みを横断的に複雑化する生物学的・精神的な再コード化についても語ることができるのだ。

いま哲学がなすべき重要な仕事は、バイオ-記号的ウイルスと共進化する道を構想することである。世界のバイオ的再コード化がもたらしつつある精神（サイコ）-記号的影響とともに、いかに共進化するかということである。

われわれは目下不可逆的に進行中の普遍的再コード化とうまく手を結ぶことができるだろうか。これが前途に横たわる美学的・倫理的問題なのである。

＊4　Eira and Guigou, 'De virus'.

第Ⅳ章

スペクトラムと生の地平

The Spectrum and the Horizon

私は一九六八年に一八歳だった。

その年、私は哲学を学ぶ学生として大学生活を始めた。私は運動に参加し、集会で発言もした。私は友人たちとしょっちゅう世界で起きていることについて話をした。ベトナム戦争、世界的規模の学生の蜂起、アメリカにおける黒人暴動、新資本主義についてのあれこれの議論などなど、多くのことである。

私は無教養でも情報に疎いわけでもなかった。

しかしながら一九六八年七月に起きたインフルエンザの流行について友人たちと話をした記憶はない。私は記憶力はいいほうである。しかし私は香港風邪として知られているH3N2ウイルスについては何も思い出すことができない。

この流行はウイルス感染の歴史のなかで小さな出来事ではなかった。一九一八〜一九年のスペイン風邪や一九八〇年代のＨＩＶ〔ヒト免疫不全ウイルス〕の突発とならんで、二〇世紀のパンデミックの歴史のなかで重要な位置を占めるものであった。

一九六八年のこのインフルエンザ・パンデミックは一〇〇万から四〇〇万の死者をもたらしたと推定されている。

四〇〇万もの死者が出ているのに、このパンデミックについて私は二〇二〇年に至るまでまったく知らなかった。香港風邪は当時私が会った人々（学生、ジャーナリスト、組合労働者、左翼知識人など）の日常的話題には含まれていなかったのである。

このインフルエンザの感染爆発は一九六八年七月一三日に香港で始まり、その後ベトナム、シンガポールへと広がった。

一九六八年九月、感染はインド、フィリピン、オーストラリア北部、ヨーロッパへと達した。同年九月ウイルスはカリフォルニアに侵入し、またベトナム戦争からの帰還兵によって持ち帰られたが、一二月まではアメリカ合衆国全体に拡散することはなかった。しかし一九六九年、ウイルスは日本、アフリカ、南米にまで到達した。[*1]

＊1　訳注——日本の内閣感染症危機管理統括庁が公表しているパンデミックレビューによると、香港インフルエンザ・ウイルスは一九六八年七月二五日に香港経由で名古屋港に入港した船舶の乗組員多数から初検出。国内の流行が初めて確認されたのは同年一〇月に東京・墨田区の中学校、町田市の小学校などで、以後六九年一月をピークに感染が急拡大した。

アメリカ合衆国では一〇万人以上が死んだ。

それでも私はこのインフルエンザ・パンデミックに気がつかなかった。

二〇二〇年に話を戻そう。私は新型コロナ・パンデミックについて毎日話をしている。会話をするたびにこの話が中心テーマになる。

二〇二〇年以降、新型コロナウイルスはメディアの文句なしの王者になっている。メディア空間で〝コロナウイルス〟という言葉が〝トランプ〟という言葉をはるかに凌駕したことをドナルドは憤慨しているのではないかと私は思う。

ロックダウンのなかでたくさんの日記が公表された（私も書いて公表した）。またテレビのトーク番組が数え切れないくらい放送された。テレビは病院に収容された人々、救急車、マスクをつけた医師などを映し出した。

われわれの生活は多くの点で変化した。長引くロックダウンによって、ソーシャル・ディスタンス、人々の近接空間の再構成が強制された。

二月、私は八〇〇万都市の武漢がロックダウンされたというニュースに驚嘆した。[*2] その数週間後、イタリアでも全国規模のロックダウンが始まり、それは二ヶ月続いた。

情報空間はウイルスの話であふれ、情報（インフォ）ウイルスが精神空間に深く浸透した。

このさいパンデミックの経済的、テクノロジー的、地政学的な影響を忘れることにしよう。そして精神的領域——情報空間と精神空間（サイコ）——に焦点をしぼろう。この領域で何が起きたのか、何がこれから起きようとしているのか、ということだ。

今回、生物（バイオ）ウイルスはただちに情報（インフォ）ウイルスに転化し、いまや精神（サイコ）ウイルスに転化しつつあるが、それはなぜなのか。

今回、われわれが一九六八年とはまったく異なるリアクションをしたのはなぜなのか。

香港風邪パンテミックは外国観光がまだそれほど大衆化しておらず飛行機旅行も現在ほどではない時代に拡散した。したがってウイルスは現在のように人々の旅行や商品の輸出入に伴って拡散したわけではない。この二つのパンデミックの社会的認識における主たる相違はおそらくグローバリゼーションに由来する。一九六八年には人や商品の循環は現在よりも希薄かつ緩慢であった。

これがこの問いへの答えであるが、この答えは私には不十分だと思われる。

感染爆発においてそれほど違いはないこの二つのパンデミックの社会的認識の違いをさらによく理解しなくてはならないと思うのだ。

この問題はデリケートで政治的に曖昧でもあるので、誤解されたくはないから言うのだが、私の意図は、ウイルスの拡散を防ぎ感染拡大のリズムを抑制するために世界中で余儀なくされている衛生政策を問いに付そうというのではない。

私の立ち位置は、マスクを着用しない自由を提唱しロックダウンの下でも密集して危険な工

＊2　訳注——ジェトロ（日本貿易振興機構）によると、湖北省武漢の人口は急増中で二〇二〇年時点で約一一〇〇万。

場で働くよう人々に推奨する右派とは、はるかに隔たったものである。

　私はそういった主張とは無関係である。

　私は私の観点を仮に〈感情の集中のスペクトラム〉（SEA：Spectrum of Emotional Attention）という概念で規定してみたい。〈仮想スペクトラム〉と言い換えてもよい。

　われわれの想像力はこのスペクトラムの内部で機能し、われわれが情報空間から受け取る想像上の素材に依存する。

　われわれの注目は、スペクトラムを構成したり、それに関連したりする出来事に引きつけられる。

　ゆえに私は自分自身に問う。今日、われわれのスペクトラムを満たしている想像上の素材は何だろうか。一九六八年のSEAと現在のSEAとの違いは何だろうか。

　現代のSEAは暗い見通しの流れに抑圧され圧倒されている。ゆえにわれわれは、われわれが予測すること——絶滅——を確証するような出来事に敏感にリアクションしようとするのである。

　われわれは何年ものあいだ大きな出来事が起きるのではないかと予想してきた。そこへ新型コロナ感染が起きたので、これを大きな出来事と捉えた。そして現在、この感染は社会の崩壊そのものというよりも、崩壊の触媒機能を果たすものとなっている。幾年にもわたる不安定、貧困化、屈辱といったものが、社会の崩壊の下地を用意し、パンデミックがそれを促進しているのである。

想像力の空間が、メディアに媒介されたイメージ群の流れによって押しつぶされたため、精神的自律空間が狭隘になり、われわれは何について話すべきか、何について考えるべきか、ほとんどわからなくなっている。

自律は敵を憎むものではなく、自らの生活を愛するということ、自らの特異性を好むということである。われわれはいま、われわれの生活をどれほど愛しているだろうか。精神空間に対する持続的な情報－神経的刺激によって注意力は飽和状態になっていて、意識的身体は自主的知覚ではなく情報－刺激に基づいて自己認識している。すると喜び（ジョイ）の感情は逃げていく。なぜならわれわれは永続的興奮状態の渦巻きのなかに捕らえられているからである。

未来の想像力はメディア空間にさらされた想像空間に大きく依存するため、集合的無意識は内破していく。

二〇一九年秋の激震的反乱——それはあたかも、サンディアゴから香港、バルセロナ、キトまで地球の身体が爆発したように思われた——のあと、出口なしという感情が拡散し、集合的精神を自己喪失の方向に押しやった。

われわれの過敏になったアンテナがSEAを受信し、欲望の領野が抑うつ的な流れに浸透されていることをキャッチした。

われわれは一種の二重拘束（ダブルバインド）の罠に捕らえられた。すなわち、他者の身体の感官的優しさを感じる快楽をあきらめるか、病気や死の潜在的所有者との接触を続けるかという二者択一である。利他主義は自己の孤立に通じるのであろうか。

倫理的に行動すると共感のタイナミズムは失われるのであろうか。
社会的距離をとることは長期的に見ていかなる心理的痕跡を遺すだろうか。
われわれはいつまで警戒心を持つことを余儀なくされるだろうか。
感性的快楽は警戒心と共存しうるだろうか、それとも警戒心は感性的快楽を危機に陥れるだろうか。

私はこうした大きな問いに対して答えを持ち合わせていない。

私が知っているのは以下のようなことだけだ。長いあいだわれわれの目から隠されていて、いまウイルスの黙示録的出現によって明らかに見えてきたこの生の地平のなかで、二つの問いには答えが必要であるということだ。

ひとつは次のような問い。主体化の動きが抑うつ症によって影響され自閉的になっているとき、絶滅するかもしれないという見通しを振り払うことは可能か。

もうひとつは、もっとシビアな問いである。絶滅の可能性を秘めた地平のなかで幸福を追求する思考は可能か。

これは純然たる哲学的問いではない。これは実存的かつ政治的な問いである。「絶滅の可能性を秘めた生の地平のなかで幸福を追求する思考は可能か」という問いは、絶滅が個人の存在にかかわることは確実なのだから誰もが考えなくてはならない問いである。しかしいまや、この問いは個人との関係で考えるべきではなく、人類全体との関係で考えるべきであろう。

現代のヒューマニズムは次のプロタゴラスの説に従っている。

すべての物の測定尺度は人間だ——人間が存在するからすべての物も存在する。人間が存在しなかったらすべての物は存在しない。[*3]

ヒューマニズムはこの原理を行動の方法論に変化させた。そしてこの原理に従って政治が、歴史的に展開する事物と出来事を意識的に統治する技術として出現した。すなわち、目に見え、知りうること、したがって人間の意志によって支配可能なものに対する技術である。

しかし、このプロタゴラスの原理はもはや通用しない。われわれは測定可能な空間から外に出てしまったからだ。人間はもはや物の測定尺度ではない。物がもはや測定可能な空間に存在していないからである。

これからわれわれはどのような現象に直面することになるのだろうか。人間の力にも政治的決定にもよらない出来事、いかなる知識にも還元できない肉眼では見えない作用因子の増殖、地球全体に警告を発するような自然現象の増大、これらが政治が把握することができない不可

＊3　プラトン『テアイテトス』田中美知太郎訳、岩波文庫、二〇一四年、四三頁（152A）。

逆的なダイナミズムをもたらすことになるだろう。

政治的理性の有する道具は、こうした極小や極大の次元とは無関係である。政治的統治のいかなる形態もこうした奔放な進化の道筋を変えることはできないので、さまざまな統治形態についてあれこれ論じるのは馬鹿げている。

たとえて言うなら、バスがすでに高速道路からはみ出して五〇〇メートル下の谷底に落下しているのに、運転手が酔っているのか素面（しらふ）なのかを問題にしても始まらないということだ。バスの運転手が酒を飲んでいるのかどうかは、バスが高速道路からはみ出る前に問題にしなくてはならない。われわれはすでに落下しつつあるのだから、それは問題にならないのである。

われわれは落下しつつあるのだから、喫緊の問題は目に見えない微粒子であるが、ウイルスが意図を有していると仮定して（私は有していると考える）、その微粒子の意図をわれわれは推量することができない。もうひとつの喫緊の問題は、昔から動き始め今も動いている工場のもたらす大気の絶えざる温暖化である。

極小の物と極大の物がプロタゴラスのラボラトリーに入り込んだ。そしてラボラトリーが爆発したのだ。政治の方法は役に立たない。こうした現象は自己生産的で不可逆的なものだから、われわれの意志によって反転させることはできない。

そういうなかにおける意志的行為は荒廃の過程を増幅するだけであろう。すなわち、政治が無力化したときは、戦争が近づくということだ。ナショナリズムは意志の不能に対する精神病的リアクションである。海岸に波が押し寄せ、森に火がついて燃え上がったら、追い立てられた人々は自分の土地から別の土地へノマドとして移動するしかない。こうして領土化された人々は、火がまだ来ていない自らの領土を守ろうとする。

パニックとは意志が不能になったときに意志が身にまとう形態である。逃げ惑うということである。

われわれは絶滅の意識を、われわれの時代の生きる地平としてわが身に引き受けなくてはならないと、私は考える。

逃げ出そうとしないで落ち着いていよう。出口をあわてて探すのをやめよう。絶滅からわれわれを隔てているこの時間をどうやって過ごすかを考えよう。

死への恐れは進化と合致しない、とカルロ・ロヴェッリが『時間の秩序 *The Order of Time*』のなかで述べている。[*4] 動物は捕獲者が近づいてきたとき本能的に恐れを抱き飛び上がる、と彼は説明している。それは健全なリアクションである。なぜなら死への恐れは差し迫った脅威から彼らを救うからである。しかし前頭葉が肥大した類人猿であるわれわれは未来を見通す能力

＊4 訳注―― Carlo Rovelli（1956－）イタリアの理論物理学者。ボローニャ大学卒業後、パドヴァ大学大学院で博士号取得。現在はフランスのエクス＝マルセイユ大学の理論物理学研究室で、量子重力理論の研究チームを率いる。「ループ量子重力理論」の提唱者の一人。*The Order of Time*（イタリア語の原書名 *L'ordine del tempo*）の邦訳は『時間は存在しない』（冨永星訳、NHK出版、二〇一九年）。他の訳書に『すごい物理学講義』（竹内薫監訳、河出文庫、二〇一九年）、『ロヴェッリ一般相対性理論入門』（真貝寿明訳、森北出版、二〇二三年）など。

を有しており、死はわれわれの宿命であることを知っている。だからつねに死との臨戦状態を保持しようとする。これはストレスがかかり重苦しい事態である。あらゆるものが持続を制限されていて、人類も例外ではない、とロヴェッリは結論している。[*5]

絶滅がわれわれの時代の生の地平であるとするなら（このことは絶滅が避けがたいことを意味するのではなく、一見乗り越え不可能な資本主義の内的状態から見たら、絶滅が最もありそうな予測であることを意味する）、われわれの倫理的・政治的・感情的な未来予測の座標は変化することになる。第一に、生殖行為を最も無責任な行為と見なすようになる。生殖が最終的カタストロフをもたらすことが予測されるだけでなく（マルサス〔の人口論〕がまったく違った背景のなかであらためて議論されることになる）、もっと個人的・実質的な理由からである。つまり、幸福な生活の可能性が急速にゼロに向かって小さくなっているからである。

＊5　前掲ロヴェッリ『時間は存在しない』。

第Ⅴ章

精神システムの崩壊

Psycho-Systemic Collapse

われわれは「災禍のダイナミズムに乗って」いかなくてはならない。[*1]

このフレーズは、この間の地球大変動――これは心（ハート）の大変動でもあり、また精神（マインド）の大変動でもある――におけるわれわれの精神的条件をよく言い表すものである。

災禍は進行中である。災禍を避けるのは不可能であり、それはわれわれの足下で大地を引き裂く地割れや断層に沿って動いている。われわれはその線に沿って進まざるをえないので、裂け目に落ちないようにしなくてはならない。

問題は破局的出来事の連続とどうつきあうかということである。そうした出来事は二重の黙示録的事態の覚醒とともに待ち受けていた。すなわち、パンデミックの出現とその結果としてのロックダウンと〔生活の〕スローダウンである。

われわれの馴染んだものや希望をおいてきぼりにして、今の流れに沿って進むことをさらに加速化していかねばならない、と考える者がいる。そうすると、ある時点にすべてが崩壊し、新たな可能性の風景が浮上すると考えるわけである。これまでテクノロジーは、そういうやり方で新たなルール、新たなシステムを生み出してきたというわけだ。こうした考えの者は〝加速主義者〟と呼ばれている。

別の者は逆に、われわれを取り巻く環境を秩序立て、それが均衡を保つように修復しなくてはならない、と考える。そうやって災禍のもたらすものを回避し、父権の不在という条件のなかで育つ来るべき世代の脆弱さを克服しなくてはならない、というわけだ。父権の不在とは、法の象徴的力の縮小、法の拘束力の内化の弛緩を意味する。情報の流れの加速化によって時間があまりにも早く進むので、法がこれを支配することができなくなった。というのは、支配は合理的プロセスに基づくものであり、時間がかかるからである。こうして父権の場所は空っぽになり、そこにネオ父権主義者が登場して、法の尊重に基づいた精神秩序を大義名分にして父権の役割を復活させようとしているのである。

加速主義にしろ、ネオ父権主義にしろ、いずれの立場も政治的・精神療法的レベルの要点を捉えそこなっている。

世紀をまたいでこの数十年、われわれは現在というものをしっかり認識することができなかったが、それはめくるめくような神経刺激の流れのなかで絶えず圧迫されていたからである。そこに〔新型コロナ〕ウイルスがやってきて、生活リズムがスローダウンし、未来の地平が薄暗くメランコリックになり、見通しがきかなくなったのである。

時間が宙吊りになり、これから何が起こるのかわからなくなった。昔のままの状態に戻るのか、感染が再びやってくるのか、死がやってくるのか。

一九六八年の有名なスローガンは〝同志よ走れ、古い世界にさよならだ〟であった。しかし六八年以後の年月はそれとは異なった物語を紡いだ。なぜなら資本主義が〝同志〟よりも早く走ったからである。

われわれが現在体験しつつあるカタストロフは、すべての可能なことが不可能になる曲がり角であり、不可能だと思われたことが可能になるかもしれない（ならないかもしれないが）曲がり角でもある。

カタストロフの語源を忘れないようにしよう（kata は「超えて」、strophein は「動く」）。つまり現在の可視的限界を超えて移動することであり、可能性を開示することである。可能なこととは何かというと、不可能なことあるいは必然的なことの支配下に置かれていない形状のことである。

われわれは他者との接触の「不可能性」としてのソーシャル・ディスタンスの内面化から出現する可能性を発見しなくてはならない。そしてわれわれはその可能性を社会的再形状化の文脈に移し替えなくてはならない。

＊1　'Riding on the Dynamic of Disaster: An Interview with Robert Fripp', by Allan Jones, *Melody Maker*, April 28, 1979.〔「K・クリムゾン解散後5年ぶりに放つR・フリップの奇異作品」『ロッキンｆ』一九七九年七月号〕

社会的〈無意識〉は新自由主義グローバリゼーションと情報空間のデジタル化に伴って爆発的に拡大した。

フロイトの言説のなかで神経症が広く知られているが、記号資本主義の出現によって神経エネルギーとその表現の強度が必然的に高まった。

欲望はブルジョワ社会の神経サイクルの内部で移動したり除去されたり（抑圧されたり昇華されたり）、幻想を引き起こしたりして、心のなかへの現実の影響力を強めるようになった。記号資本主義の精神病的サイクルについていうと、そこにおいて除去されるのは現実そのものであり、欲望の無限の潜在力がそれに取って代わろうとする。しかし欲望の潜在力も無限なわけではない。なぜならそれは身体の限界、文化の限界、経済の限界などに従属するからである。脱領土化の線の増殖は刺激を加速し、神経を破壊していく。息をするだけのことが大変になり、オルガスムの喜びは不可能になり、パニックが意識と身体を破壊する。

二〇一〇年に刊行された『無意識のない人間 *L'uomo senza inconscio*』という本のなかで、マッシモ・レカルカティ[*2]は、文字通り「無意識のない人間」について語っている。つまり、ポスト近代の過剰表現の時代においては、われわれの精神の最深部に存在する部位が神経刺激の加速化によって引っ張り出され、想像力に媒介された世界のカオス的スプロール現象のなかに放り込まれる、というのである。

そうした状況のなかでわれわれはどうすべきか。

この問いに対してレカルカティは次のように答える。すなわち、父の権威、理性の力、国家の法といったものを復活させようではないか、と。

しかし、この答えは無力である。父の権威、理性の力、国家の法といったものは、精神の無秩序的混乱に比して動きが遅すぎるため崩壊したのだからである。

情報-神経の加速化（規制撤廃＋グローバリゼーション＋デジタル・ネットワークによる）は、無意識の爆発、すなわち社会生活の表面への無意識の浮上を引き起こした。

フロイトは、精神分析が、秩序を保った抑圧的ブルジョワ社会の内部で疫病のように広がることを望んだ。彼は、欲望の野生的な動きを抑圧するコミュニティに無意識の深淵を見せようと思ったのである。

しかし情報-神経の加速化は、かつては隠されていた、精神を生み出すあらゆる素材を駆動させ撒き散らした。精神病的過剰表現が神経症的圧縮に取って代わったのである。

世界経済が長期的停滞期に入っていることはずいぶん前から明らかであった。しかし資本主義は社会を前へ前へと加速させようとした。成長という絶対的ドグマのためである。資本主義の概念的パラダイムは拡張に基づいているからである。

＊2　訳注——Massimo Recalcati（1959-）イタリアの精神分析家。訳書に『愛を知るための七つの講義』（飯田亮介訳、早川書房、二〇二〇年）など。

先に引用した「成長の限界」というレポートは、すでに一九七二年に無限の成長は不可能であることを指摘している。最近、ローレンス・サマーズという経済学者が長期的不況を言い出している。経済的見通しが立たないということである。しかし、後期資本主義の経済的停滞から政治的に脱却する道は想像しにくい。というのは、近代精神は、成長、拡張、消費の増大を前提として形成されていたからである。不況によって荒廃をもたらす資本主義の迷路からの脱出経路を知る者はひとりもいなかった。ところが今、何かが起こり、われわれを迷路から押し出そうとしている。しかし、われわれは今どこにいるのだろうか。迷路の外で生きるとはどういうことだろうか。われわれにはわからない。これが現状である。

ウイルスの侵入とロックダウン以降、生活シーンは大きく変化した。ウイルスは主体なき革命への道、受動性と降伏に基づく純然たる内破的革命への道を用意したようだ。

「何にもするな」ということだ。

このスローガンが急に転覆的響きを持つようになった。生活の質を悪化させないためには、興奮しないこと、無駄に心配しないこと、これである。

これ以上何もしないということである。

これは、二〇〇八年に起きた状況〔リーマン・ショック〕とは異なる。二〇〇八年には、金融システムは、中央銀行の介入や、銀行システムを救うための社会的インフラ構造の私企業化や破壊によって救済された。しかし今回は、中央銀行も他の金融諸機関も、現行システムを再スタートさせるための手段を持ち合わせていない。

したがってグローバル経済は記号－精神的ウイルスの影響から回復することはできないだろう。経済学は、病気、パニック、精神疾患、恐れなどに対処することはできないからである。それゆえ、資本主義経済はこれを解決することができないと思われる。

このたびの崩壊は金融的ファクターあるいは純経済的ファクターに由来するのではない。この危機は身体の崩壊に由来するのである。

社会的精神は無意識のうちに生活リズムのスローダウンを選択したのであり、社会活動の停滞は降伏のしるしなのである。精神の変化がスローダウンの原因であり結果なのだ。

生物学的機能が受動的モードに入ったのだが、それは自覚的意志や政治的プロジェクトとは無関係の理由によってである。神経システムが、複雑化する一方のものごとの処理パターンや、ますます速度を早める神経刺激の解釈に疲弊し、絶大な力を持つ金融技術自動装置を前にしておのれの無能さを思い知らされ、緊張をゆるめたのである。これは精神的デフレーションにほかならない。

災禍のダイナミズムが突然、神経システムのリズムを変えた。われわれは今、経済では解決することができない新たな問題に直面している。すなわち、スローダウンの時代にいかにして生き延びるかということである。また未来への期待のリズムを変え、新たな環境につましく適応し、不況を必要と満足の新たなバランスの創出に変えることができるか、ということである。

経済はパンテミックに対応できない。なぜなら、このたびの不況の原因は経済の領域に属していることではないからである。

株式システムは失われた現実の表象となった。需給に基づく経済は不安定化し、中央銀行の注入する資金によってわずかばかり活性化するしかなくなった。これは金融システムが支配力を失いつつあるということだ。かつては、為替変動が誰もがアクセスできる資産価値を決定していたが、今やそれは何も決定できなくなっているのだ。

社会が必要とするものは、今や金の影響範囲を超え出たように思われる。

金の万能性の中断は、資本主義から脱出し、社会活動、金、資源へのアクセスのあいだの関係を決定的に断ち切るための要石となるだろう。この中断からこれまでとは異なる富の概念が生まれるのではないかと思われる。富は、自分が有している資産の総額ではなく、自分が経験することができる生活の質であるという考えである。

経済は後退期に入っているが、今回の供給支援政策〔金融緩和など〕はそれほど役に立たないし、需要喚起政策〔公共投資など〕も同様である。人々が仕事に行くのを恐れ、病気になったり死んだりするのだから、需要は増えない。恐れが広がり人々が苦悩しているとき、金融の介入は役に立たない。日常生活のリズムが緩慢になり、人々は以前のように急がなくなったように思われる。

いつものような金融健全化措置のおかげで資本主義機械は再活性化すると考える者は、現在何が進行しているのかがわかっていない。彼らは、問題は金融市場と日常業務の関係であると考えている。しかし問題は市場ではなく、心なのである。今回、スローダウンは主要に生物学的・心理的領域で起きた。突如停止したのは精神空間であり、その空間は内的リズムを少しずつ変えようとしている。

政治的リーダーは、社会活動の流れと経済の流れを止めることによって、新型コロナのパンデミックのあいだに多くの命を救った、とは言えるだろう。

しかし二〇二〇年四月、経済誌『エコノミスト』の論説「厳しい資産 A Grim Calculus」は、その流れの中断はわれわれにとって、今後もっと多くの命の犠牲をもたらすであろう、と悲観的予測をしている。われわれはウイルスによる虐殺を回避しつつあるが、しかし来るべき年月に向けていかなる準備をしているだろうか。失業、生産と分配の機能不全、負債、破産、貧困化、絶望といった状況を背景にして、何を準備しているだろうか、というわけだ。

『エコノミスト』の論説は、それなりに理性的で一貫していて反論の余地はない。しかし、それはひとえに、われわれが資本主義と呼ぶ経済形態に対応した指標を優先したうえでの判断である。つまり、富の配分、商品の分配を、資本の蓄積への参与を基準にして行うという経済形態である。言い換えるなら、それは、有用な商品へのアクセスの具体的可能性を抽象的な通貨資産の所有に依存させるということである。

近代社会の建設のために巨大な財源を生み出したこのモデルは、論理的かつ実際的な罠へと転化し、われわれはそこからの出口を見つけられないでいる。しかし今、その出口がおのずから出現したようだ。ただし不幸なことに、それは暴力的に設定された出口である。しかもそれは政治的に立ち上がった暴力ではなく、ウイルスの暴力である。それは人間の意志に裏打ちされた意識的決定ではなく、異質な微粒子の侵入——〔ドゥルーズ／ガタリの言う〕スズメバチとランの関係のような——による暴力であり、この微粒子が増殖して、人間という集合的生物がものごとを理解したり欲求したりすることができなくなり、今までどおりの生産の持続ができなくなったのである。

これは生産サイクルの再生産を停止させ、巨大な額の金(かね)を吸い込み、金がほとんど役に立たない状況を生み出した。われわれはパンデミックのあいだ、生産や消費をストップし、一年以上にわたって家に閉じ込もり、窓から青空をながめたり、今後どうなるかを自問したりした。『エコノミスト』によると、成長と蓄積のサイクルの停止は、飢餓、極貧、暴力に至る破局的状況をもたらす。

しかし私は『エコノミスト』の破局予想には同意しない。なぜなら私は「破局(カタストロフ)」という言葉を『エコノミスト』とは違った意味で理解しているからである。すなわち、この言葉には、人が別の景色を見ることができるようになる曲がり角という意味もあるのだ。

かくしてわれわれは迷路を超えて移動することになる。われわれは五〇年にわたる騒乱が実現できなかったこの移動を静かに成し遂げようとしているのだ。

破裂がついに起きたのである。しかしそれは主体性のないプロセスとして立ち現れている。ほとんどすべてのものが停止し、経済成長は見込めなくなっている。いま必要とされているものは、いままで欠けていたものである。すなわち、〔従属的〕主体性の活動停止、社会生活の加速的流れを受動的に遅らせる能力、社会生活を資本蓄積原理から抜去する能力、そして経済成長よりも有用性に焦点を合わせたプロセスを発動する能力、競争や不平等よりもつつましい平等をめざす能力、といったものである。

われわれにそうしたことができるだろうか。私にはわからない。なによりも、この「われわれ」というのが誰のことなのか私にはわからない。誰が何をできるのだろうか。

何かができるのは、政治（家）でもなければ統治技術でもないだろう。政治（家）はいかなる統治もできない。なによりも、政治（家）はいかなる理解力も有していない。

政治家たちは、お粗末にも、ひとえに不安に取り憑かれているだけである。新たに始まった社会ゲームは、統治不能の微粒子のリゾーム的増殖である。この新たなゲームで重要な役割を果たすのは知（識）であり、意志ではない。

それゆえ、もはや政治の問題ではなく、知（識）の問題なのだ。しかし、それはいかなる知（識）なのか。

それは少なくとも『エコノミスト』の知（識）ではない。それでは抽象化と価値化の鏡の部屋から脱出することはできない。そうではなくて、具体的有用性の知（識）であり、身体の知（識）であり、ウイルスの知（識）であり、化学、物理学、神経科学、電子工学の知（識）である。総じて、利潤へと翻訳される知（識）ではなく、有用性と快楽へと通じる知（識）である。

われわれはF35戦闘機を必要とするだろうか。いや、必要ではない。そんなものは無用である。現在兵器を生産して生活している人々が、何もしないでも給与を支払われるようにしなくてはならない。何もしないことのほうが、彼らが現在していることをし続けるよりもはるかに有益なのである。

F35戦闘機一機をつくる費用を使ったら、どれだけの集中治療室をつくることができるか、ご存じだろうか。二〇〇室である。

人々が有用なものを生産するのに必要な時間だけ働くようにしたら、どうだろうか。人々に労働時間とは無関係の収入を与えるようにしたら、どうだろうか。負債という言葉は今や意味をなさないものとして、負債を返済することをやめたら、どうだろうか。戦争遂行のためにわれわれにとてつもない金額を支払うように強いている国際債券を頓挫させたら、どうだろうか。

私は何年ものあいだ、こうしたことを考え書いてきた。しかし、こうした主張は過激主義者の戯れ言と見なされてきた。ところが、今やそうではなくなった。こうした戯れ言がいずれ、唯一のリアリズムのように見えてくるだろう。これ以外にオルタナティヴはないのだ。

私は、抽象化に対する有用性の革命が、そのうちに必ず起きると言っているのではない。私が言っているのは以下のことである。こういう革命が人類を救うために必要であるということだ。しかし、そのための主体性が出現しなければ、革命は起きないだろう。

二〇二〇年四月三〇日付の『ニューヨーク・タイムズ』に公表された「なぜ貧困国の負債は帳消しにされなくてはならないのか」という論説で、エチオピアの首相アビィ・アハメドは、フェアで互恵的な他者の待遇が相互依存・相互連携の世界では必要であることを明晰このうえなく説明している（エチオピアはパンデミックのあいだ、負債を返すことも命を救うこともできなかった）。パンデミックのようなことだけが、人々が結びついている糸を可視化するのである。新たな（反市場的）合理性の構想が、ゲームのルールを刷新するために、今や「適切」（古典的功利主義における意味合いで）になったのである。そのなかでも、〔貧困国に対する〕負債による圧政をまずもってやめさせなくてはならない。

私がもうあなたに負債を返せないということは、私の破滅はあなたの破滅でもあるということを意味する。パンデミックがこれを明らかにした。この考えは、負債を贖うべき罪と見なしているドイツ的プロテスタント精神にとっては受け入れ難い。しかし経済的崩壊が支払い不能の現実をもたらしたことが、この偏見に終止符を打つことになるだろう。

われわれが人間活動の一般的形態をラディカルに変えることができないなら、そしてわれわれが負債、賃金、価値化の体系から脱却することができないなら、死滅の未来が待ち構えていると言わねばならない。

コミュニズムとも異なり死滅とも異なる第三の道は、今のところ私には見えない。

第VI章

自由と潜在力

Freedom and Potency

人々は自由か金を求めてこの国にやってきた。金がない場合、あなたは必死に自由にしがみついた。煙草を吸って命を縮めようとも、子どもを養うことができなかろうとも、子どもが狂人にライフルで撃ち殺されようとも、自由が優先した。あなたがいくら貧しくても、誰もあなたから奪えないものがひとつあった。それは、あなたが何であれやりたいと望むことに命を捧げる自由だ。（ジョナサン・フランゼン[*1]『自由』）

他者ともつれるということは、単に別の実体としての他者とのあいだに軋轢が生じるということではない。そうではなくて、人は完全な存在としての独立性が欠けているということである。人間存在は個人的なものではない。個人は個人間の相互作用以前には存在しない。個人は、もつれた内的関係を通して、その関係の一部として出現するのだ。

（カレン・バラッド[*2]『中間世界との出会い』）

パンデミックの最初の日々以降、そしてそれに続くロックダウン以降、世論は、個人的自由のいかなる制限をも拒否する人々と、社会的相互作用の規制を支持する人々とに分裂した。左派と右派の政治的前線の境界線はこの地点で曖昧化した。奇妙なことに、ロックダウンと衛生管理への反対派は自由主義右派によって掌握された。

それにしても、アナキストが規制を遵守し、ファシストがやりたいことをやる自由を要求するという事態をどう説明したらいいのだろうか。

この反転は次のことを明らかに示すものである。すなわち、これまでの政治地理学は無効になったということである。そしてそれはまた、近代政治の歴史をつらぬく哲学的誤解をも明らかにするものである。自明の前提としての自由の概念は、現在の複雑性という観点から再考されなくてはならないのであり、陳腐な政治的おしゃべりは批判の対象にならなくてはならないのだ。

コロナ対策の規制措置に抗議して、銃でもって公共広場を占拠したアメリカの白人至上主義者たちは、自由を叫び〈自由の土地〉を賛美した。

＊1　訳注――Jonathan Franzen（1959-）アメリカの作家、批評家。『フリーダム』（森慎一郎訳、早川書房、二〇一二年）のほかに訳書は『ピュリティ』（岩瀬徳子訳、同社、二〇一九年）、『コレクションズ』（黒原敏行訳、ハヤカワepi文庫、二〇一一年）など。

＊2　訳注――Karen Barad（1956-）アメリカの物理学者・フェミニズム理論家。

彼らは何について語っていたのだろうか。

こうした人々は、〝自由〟という言葉を建国宣言に書き記した国に属しているのだが、この国には建国時から多くの奴隷が存在していたのに、そのことについては一切言及しなかった。そういう人々である。

二〇二〇年三月、新型コロナの陽性者が日々増加し、イタリアの政府当局がすべての人を家のなかに隔離すること（必要不可欠の労働者だけは例外として）を決めた頃、ジョルジョ・アガンベンなど著名な哲学者を含む数人の解説者が、ロックダウンの理論的根拠や規制の押しつけを拒絶した。この拒絶は合理的動機に基づいていた。アガンベンは規制ルールを「技術（テクノ）－医療的な専制」として批判し、そのようなルールは〝統制の技術独裁システム〟に道を開くものだと論じた。この考察には根拠がなくはない、と私は思う。アガンベンのこの声明に引き続いて起きたアガンベンに対する広範な知識人の攻撃は、体制順応主義の兆候にほかならないと私には思われた。

しかしながら私は「自由至上主義者」の隊列に加わらなかった。また私は、ロックダウンという措置に対する批判を共有しなかった。なぜなら、彼らのロックダウンに対する反発は、ある概念操作に基づいていると感じたからである。そしてその概念操作は、表面的には公正無私に見えるが、哲学的に十分根拠があるとは思われなかったからである。さらに現在の状況に照らすと、これは「自由」の概念と同じく、ある種空疎なうたい文句にすぎないと感じられる。

この逆説的な状況変化のなかで、ファシストは左派による抑圧に抗して自由を叫んだ。右派の政治的犯罪者たち（トランプやボルソナロといった）が規制反対キャンペーンを開始し、そのさい〝自由〟という言葉が彼らの権威主義的行動のキーワードになったということだ。

かつてロマン主義の英雄たちは専制支配からの自由を求めて死んだ。いまや、ファシスト－自由主義の英雄が〝自由〟を叫んでいるのだが、それはせいぜい〝マスクをしない自由〟を意味しているにすぎない。

彼らにとって、自由とはなによりも、搾取されるか死かという二者択一の自由しか持ち合わせていない人々の労働時間を搾取する自由である。経済的不平等空間の内部においては、〝自由〟という言葉は、上位に立つ権利と暴力しか意味しない。今、こうした自由についてのレトリックを再考し、この言葉が包含する概念的アポリアを明らかにすべき時が訪れている。

自由のレトリックは誤解に基づいている

私はここで、近代における自由のレトリックの使用と、経済的自由主義者および政治的自由主義者によるこの概念の取り込みの哲学的背景を問いに付すことにする。経済的自由主義はこの四〇年、社会生活を荒廃させた。それを支えた政治的自由主義は白人の利権と西洋による世界支配をあくことなく正当化するために、このレトリックを使ってきた。

このテーマをここで全面展開するつもりはない。ただ、自由という誤解に基づいた概念の哲学的発生、そしてこの自由の偽造が現実世界のなかで実際に生み出すパラドクスの哲学的発生を素描するにとどめる。

〝自由〟という言葉の政治的濫用は言語学的誤解に基づいている。そこでは、三つの異なった存在論的次元が混同されている。この言葉の三つの異なった意味が混ぜ合わされ、その結果この言葉は、奴隷状態がとりもなおさず自由な状態であることを意味するようになった。この三〇〇〇年の歴史において地球上に存在した最も自動的かつ最も不自由な体制（レジーム）が、自由の象徴として君臨している。それは新自由主義と命名されたもので、この体制は資本蓄積の絶対的ルール、大規模な奴隷労働、そして記号的諸関係のオートメーションに基づいている。

社会生活のシステマティックな劣化や地球の資源の枯渇が「自由な企て」と見なされている。しかし、この言語操作の起源は、近代の哲学的系譜における自由の概念の曖昧さに基づいている。

私はこの概念の意味を三つの異なった次元に分けて捉えたい。存在論的、政治的、そして身体的の三つの次元である。

自由の近代的概念は存在論的自由というヒューマニズム的展望として生まれた。自由意志は人間が神による決定から自由になることとして考えられた。

ヒューマニズムの思考のなかでは、人間の行動は万能の神の知識や摂理の産物ではなくて、個人的・集合的な企図の実際的展開である。

たとえ神が世界に存在する万物の源であるとしても、たとえ神の知識が世界で起きるあらゆる出来事の決定因を包含しているとしても、神がアダムに生を与えたとき、神は人間に対して、定められた宿命を与えようとはしなかったのだ。

人間の行動は、神の万能の意志によってあらかじめ決められているわけではない。それが神の意志である。

人間的例外とは以下のことである。すなわち、人間は自由意志に従って選択し行動することができるということである。さらに言うなら、神は、われわれが神自身の決定から独立した自由な意志を有していることを望んでいるということである。

この存在論的自由は、自発的行動の発動を可能にする条件であり、また歴史の意識的創造の条件でもある。自発的行動が自然を変化させるとき、時間の継続が歴史の相貌を帯びる。

マキァヴェッリによると、人間の意志はどんな行動や出来事をも自由に支配することができる潜在力を付与されている。つまり人間の意志は、〈運 Fortuna〉（この言葉はラテン語で人間的事象の予測不能性を意味する）の気まぐれな性質を力の意志に従わせることができる潜在力を有しているということである。

潜在力と自由

潜在力と自由意志は近代の政治的想像力のなかで結びついている。問題はこの結合が誤解されているということである。自由のレトリックは、意志は無限であり、潜在力は自由の空間のなかに組み込まれている、と想定している。しかしこれは誤りであり誤解である。

行動は身体的力が立ち向かう物理的世界の現実のなかで起きると考えるなら、われわれは、自由は潜在力の空間のなかにだけ存在するという考えに導かれる。

われわれはわれわれが有している潜在力に従って何でも自由にすることができる。

われわれは潜在力の空間においてのみ自由に選択し行動することができるのである。「身体は何をすることができるか」というスピノザ的問いは、「身体の自由の範囲は何であるか」という問いの言い換えである。

自発的行動は無限に広がる空間のなかで展開されるのではない。現実の多様な次元（自然界、テクノロジー、身体の劣化、他者の身体の存在、等々）が、われわれの意志のもつれをもたらすのである。

もつれた状況による制限と意志の主体の潜在力との関係を軽視するなら、われわれは空っぽの自由に甘んじるしかなくなるだろう。

意志そのものの存在に先立つもつれからわれわれの行動を解き放つこと、これこそ、私が自由ではなく自律（オトノミー）と呼ぶものの核である。マキァヴェッリからレーニンに至るまで、近代において、人間の意志は相対的に自律的に機能しようとした。なぜなら、もつれた状況の潜在力が、テクノロジーの未成熟や情報流通の緩慢さのために、それほど圧倒的な力を持っていなかったからである。こうした状況においては、政治的意志は、自然を技術に服従させることによって、人間と自然の関係を効果的に変えることができた。

しかし、もつれた生活環境の複雑さと潜在力が増大するに従って、意志の潜在力は減退した。

つまり、後期近代においては、意志の潜在力は資本の全能性の挑戦を受け、経済的・技術的自動作用によって侵蝕され、そうした作用によってつくりだされる時間を受容するようになった。このときから、自由の神話は人を欺く〝まやかし〟でしかなくなった。われわれは、選択は可能であり、多数派市民の意志による自発的行動が出来事の流れを変えることができると信じて、自らを欺くようになった。同時に、政治的行動の領域は、資本とテクノロジーの結合に由来する技術（テクノ）－言語的自動化作用のなかに取り込まれ、もつれさせられることになったのである。

ヒューマニズムが覚醒するに従って、自由の概念は政治的概念として形成されていく。自由意志を有することを前提として人間は市民となり、自由は社会生活の人為的秩序の条件となる。そして自由はいかなる既成の力からも独立して、民主主義の要となる。しかしながら、やがて技術（テクノ）資本主義が自由の潜在力を骨抜きにし、政治的概念としての自由の脆弱性を露呈させることになった。

パンデミックによる社会機能の停止は、ウイルスの社会的身体への拡散によって生み出された超（ハイパー）複雑性のなかにおいては、自由は機能しないことを明るみに出した。

近年に至るまで、科学と政治が世界の複雑性を物理法則の規則性と政治法則の志向性に単純化してきた。今後はそうはいかない。科学者は、物理法則は物質や時間の複雑性を網羅するものではなく、曖昧な概略でしかないことを理解し始めた。そして市民は、技術的生活環境が複雑化し自動化されるに従って、政治的決定は妥当性を喪失することを理解し始めた。

科学と政治は進化の潜在領域と顕在領域を支配する力がないことを露呈している。すなわち、資本主義的搾取行動が解き放った生物学的・神経科学的なミクロな進化過程、地球規模のマクロな破局的進化過程をコントロールすることができないのである。

われわれは、われわれの無能性、すなわち、われわれが生きている世界で生じている脈絡を自由に選択することができないことを認めざるをえないので、フラストレーションが広がり、怒りや苛立ち、攻撃性の増大といった精神的うねりが生じているのである。

ギュンター・アンダースは、『時代遅れの人間』（一九六二年）という著書のなかで、[*3]われわれの技術的知識が核爆弾のようなとてつもない力を生み出したためにわれわれが感じている無力感について語っている。われわれは危機に対する潜在的認知能力があるがゆえに屈辱を感じているのであり、この屈辱感が現代の新たな反動的運動に油を注いでいるのである。この新たな反動的運動は、逆に無知を誇ることによってアイデンティティの迷信を復権させようとしているのだ。

政治的自由意志は、われわれの行動が他の人間の行動や人間のつくった都市環境と渡り合うときには（限定的であれ）効果的であった。しかし後期近代においては、われわれは人間による征服に反抗する自然のマクロな力や、考案者の意志を逸脱するオートメーション（とくに認知的オートメーション）のマクロな力と渡り合わなくてはならない。

また同時に、われわれはウイルスの拡散というマクロな力とも渡り合わなくてはならない。ウイルスの拡散はわれわれの身体だけでなく経済的・記号的・感情的領域をも危険にさらす。知識の拡張は皮肉にもわれわれの自由の拡張を抑制している。マクロな流れとミクロな出来事は政治的意志の届く範囲から逃れ出て、人間の自由の範囲を狭めるのである。

ウイルスと特異性

技術資本主義（テクノ）が社会関係のすべての側面における絶対的必然性として優位に立ったとき、自由と意志に残されるのは何だろうか。体制協調メディアが人々の関心の隅々にまで浸透したとき、自由意見には何が残されているだろうか。

政治的自由は、技術的規制の拡大や技術的に自動化された言語の導入によって侵蝕された。しかし突然、何か予測不能なことが起きた。ウイルスである。もっぱら増殖を自己目的とするが、人間の命を危険にさらす力を有する、肉眼では見えないミクロな実体の止めがたい急速な拡散である。

この生物学的作用物質が日常生活の衛生面を連鎖的に変化させるきっかけになった。そしてそれは、経済や地政学の領域だけでなく、ついには心理的な領域にまで影響を及ぼすことに

＊3　訳注――Günther Anders（1902－92）ドイツの哲学者。第二次大戦後いちはやく反核運動を展開したことで広く知られる。『時代遅れの人間』の日本語訳は青木隆嘉訳、法政大学出版局、一九九二年。他の邦訳に『核の脅威――原子力時代についての徹底的考察』（同前、二〇一六年）など。

なったのである。

パンデミックは需要と供給、生産と分配の経済的自動装置を打ち壊し、グローバルな資本主義経済機械の崩壊を引き起こした。そしてそれは同時に、経済機械が組み込まれていたのと同じくらい拡散的な自動装置を新たに生み出した。すなわち公衆衛生自動装置であり、テクノロジーに媒介された人々の引き離しであり、心理的強迫観念である。

ウイルスの増殖はカオスをもたらすことになった。それは生物学的事象の肉眼では見えない具象化によるもので、意志の力を失わせるものであった。それゆえ政治は衛生的諸規則を実行するだけのものに縮減された。しかし、これらの諸規則は決定的確実性に基づくものではなかった。なぜなら、われわれが〝ウイルス〟と呼ぶ不可視の生物学的事象の拡散は無限に変容していくものだからである。科学者は感染現象のいくらかの規則性を突き止め、パンデミックの変容を予測し、安全対策や治療手段を提言していた。

二〇二〇年の後半には感染の第二波が起きた。しかしわれわれは、打ち続く日々において、波は一つでも二つでも、はたまた三つでもないことを確認してきた。それは海の波と同じように数え切れないのである。ウイルス現象はある冬の日に武漢から始まったのではない。ウイルスはつねに存在してきたのである。そして最近になって、人間の身体にとって危険なものに変異しただけのことなのだ。ウイルスは将来、仮にその拡散を防ぐことができるようになっても（ワクチンや治療によって）、絶滅するものではない。それは人体にとってより危険の少ない何か、あるいはより危険な何か、あるいはまったく危険のない何かに変容していくだろう。

物の世界には終わりがない。物は生成変化する。解体、再構成し、視野に現れ、そして視界から消えていく。これの繰り返しである。しかしわれわれの意識は、どこかで始まり、どこかで終わりを迎える。意識だけが無になる能力を持っている。意識以外のすべてのものは進化する。意識は、無について考え、無になることができる世界で唯一のものである。

ウイルスは無ではない。また無になろうとするものでもない。それは何か違ったものになろうとしているものである。

パンデミックの進化になんらかの規則性を見つけることはできない。感染現象は予測しがたい仕方で起きる。病気の伝染になんらかの因果律が含まれているとしても、感染は絶えず予測不能のかたちで出現する。なぜなら、この因果律はわれわれの理解やわれわれの自由意志の範疇を超えているからである。

ウイルスは絶えずその性質と強度を変えるが、危険にさらされる身体も、ひとつの同質的なモデルにあてはまらない特異性を有している。そして、身体はそれを取り巻く環境、技術、経済、性愛のあり方といった条件のなかで絶えず変異し続けていく。

（無）意識の量子論的飛躍

物が決まった道筋に従って進化するなら、そして現実のすべての粒子の位置と関係を知ることが未来の進化を知ることを可能にするなら、われわれは世界の未来の形状を予見することができないはずはないだろう。

しかし実際には予見することはできない。それはなぜかというと、われわれの理解と予知の能力が限定されていて、精神内で起きている物理的決定の無限の複雑性を解き明かすことができないからではないだろうか。

あるいは、物それ自体が予測可能な仕方で進化するわけではないからではないだろうか。ラプラス[*4]の決定論から量子論的非決定論に至るまで近代哲学を貫くこのジレンマは、われわれが現在、神経科学と精神分析との関係について、そして未来の精神的進化について語ろうとするとき、決定的な重要性を持っている。

神経科学における物質はわれわれの心理的・認識的行動に対して決定論的に働きかけるのだろうか。それとも、神経科学における脳と意識的精神との関係は本質的に決まっていないのだろうか。

精神活動と神経科学的ダイナミズムとを区別する量子論的飛躍とは何だろうか。脳の物理的ダイナミズムと思考の出現との分岐はどのようにして起きるのだろうか。

現代世界の生活風景のなかへのウイルスの闖入、とくにフロイトが〈無意識〉と名付けた内面の異邦の土地のなかへのウイルスの闖入は、広く流布した自由という大義の虚偽と空虚を明るみに出した。

そう考えると、〈無意識〉のしるしを解釈し、そのしるしを意識的な選択であるとすることが、物理的・神経科学的な決定論に捕らわれた可能性を非決定論的なものとして解き放ち、自由へと到達する道なのである。

厳密にいえば、われわれは自由ではありえない。しかしわれわれは自然的・社会的制約からの自律性を獲得することはできる。自律はわれわれが潜在力を発揮することができるかどうかにかかっている。言ってみれば、自律とは、想像と行動の潜在力を意味するのである。

ウィリアム・ジェームズ[*5]はこれを次のように表現した。「私の最初の自由意志的行為は自由意志を信じることである」[*6]。

ここにわれわれは、神経科学と精神分析とのあいだ、神経科学の物理的決定論と欲望の非決定論的性格とのあいだのギャップを見ることになる。このギャップは、その発生や現れにおいて絶対的な特異性を有するものであり、決定論の科学的厳密性に還元することはできない。

＊4　訳注――Pierre-Simon Laplace（1749－1827）フランスの数学者・物理学者・天文学者。宇宙のすべての粒子の運動状態がわかれば、未来のすべての現象は予測できる、と考えた。

＊5　訳注――William James（1842－1910）アメリカの哲学者。〈意識の流れ〉の理論を提唱し、人文諸科学に大きな影響を及ぼしたことで知られる。

＊6　Ralph Barton Perry, *The Thought and Character of William James*, vol.1 (Boston: Little, Brown, 1936), p. 323.

第２部　切迫する精神空間

PART 2　The Imminent Psycho-sphere

第I章

無意識とは何か

Unconscious/*Verdrängung*

無意識と排除行為

フロイトが〈無意識〉の概念を精神分析の中心的支柱にする以前、この無意識という言葉は、ドイツの哲学者フリードリヒ・シェリングが歴史と〈絶対的なもの〉との関係を〈理性〉ではなく感性の観点から考えるものとして使っていた。シェリングはこう言う。「〈絶対的なもの〉は、意識のためにおのずから、意識と無意識、自由と直観に分離する」[*1] シェリングは、自由な意識と受動的直観を対置し、意識と無意識を対比している。これはわれわれを取り巻く現実のマグマ的流れの感性的解釈と見なすことができる。

フロイトは無意識の像をこれとは異なった仕方でつくりだす。その背景にあるのは、神経科学的な還元に収まらない精神の活動である。フロイトは、ジャン＝マルタン・シャルコのヒステリー研究に見られるような、神経症的行動に至る不安についての同時代の神経科学的研究から出発して、精神的苦痛の分析を、神経科学の独占的領域から解き放って、性（セクシュアリティ）と言語の分極化に焦点を当てた。

フロイトは、精神活動とその病理的現れの神経科学的還元を克服するために、精神〔あるいはエゴ〕の意識的活動と無意識とを区別する。無意識は意識の表現に先だって存在し、意識に対して絶えず干渉するダイナミズムとして想定される。

フロイトはさらに、〔自我（エゴ）のほかに〕イド id〔ドイツ語ではエス Es〔フランス語の ça〕〕——これは自然的な本能と衝動に基づくもの——と、超自我（スーパーエゴ）——これは精神的・社会的なプレッシャーの内面化と見なされるもの——とを区別した。後者は文化や周囲の環境に由来するものである。

ここに生じるダイナミズムは、言説空間に深い影響を及ぼすものだが、個人の意識によって制御することはできない。精神分析の基本的仕事は、少なくともフロイトによれば、不随意的な心的連想、隠匿、混乱などを通して隠喩的に表現される無意識の隠されたテクストを解釈することである。

フロイトにおいては、この解釈の作業が意識のなかに隠されている心的中身の開示を可能に

＊1　フリードリヒ・シェリング『シェリング著作集2新装版　超越論的観念論の体系』深谷太清・前田義郎・竹花洋佑・守津隆・植野公稔訳、文屋秋栄、二〇二二年。

すると想定されている。この心的中身は〝排除行為 Verdrängung〟（この言葉は英語には repression〔抑圧〕と訳されているが、denial〔否認〕と訳したほうがいい）によって変容したものである。意識はおのれの一貫性を保つために〝排除行為〟を作動させ、生きた経験の中身に働きかけて、その中身が意識にアクセスすることを妨げる。〝排除行為〟は、人間個人の心理的統合性にとって危険と見なされる経験や記憶の中身に働きかけるのである。

フロイトは『文明への不満』[*2]のなかで、〝排除行為〟を社会的諸関係を構成する不動の要素と見なしている。

以下に拙訳を掲げておく。

われわれは文明の過程と個人のリビドーの展開とのあいだの相似性を考えざるをえない。その他の本能は自己充足するための条件を移動させ、別の道へと導かれる。このプロセスは多くの場合、（本能的目標の）〝昇華〟のプロセスと一致する。〔…〕文明がどこまで本能の放棄に基づくものであるかを見渡すのは不可能である。文明が本能の不満足（削除、抑圧、その他の手段による）をどれほどまで前提しているかはわからないが、この本能の失望が人間のあいだの社会的諸関係を広く支配するのである。われわれがすでに知っているように、これがすべての文明が戦わねばならない〔文明に対する〕敵愾心の起源である。[*3]

現在起きているウイルスの出現と変異に伴う状況のなかで、私は必ずしも精神分析理論とは関係のない無意識の概念を再検討しようと思った。私の関心は意味作用のプロセスであり、そのなかに含まれる想像力の機能を、パンデミックによって引き起こされた人類学的曲がり角のなんたるかを明らかにする手段として用いるということである。

意味作用は多様な精神作用をもたらす。

意味作用は認識的次元においては、認知の構造や言語の構造がもたらす作用に基づいている。この構造は人間の生来の精神のなかに組み込まれている。しかしそれだけでなく技術と関係する環境の進化のなかにも組み込まれている。

脳と結びついた奥深い精神構造としての基礎的な認識的自動装置が、われわれが環境と相互作用することを助ける。しかしこの構造は生来的な不変の形態を有してはいない。なぜなら、この構造は精神と環境との関係のなかで進化するからである。

ドゥルーズ／ガタリが『アンチ・オイディプス』のなかで言及している無意識は、〔フロイト的な〕否認された経験が置かれている場所ではなくて、欲望とダイナミズムの流れを作りだ

＊2　訳注――本書序文注2参照。
＊3　前掲『フロイト全集20』一〇六－一〇七頁／『幻想の未来　文化への不満』一九三－一九四頁。

す生産力の場所である。無意識の創造的力は精神の内的構造を絶えず作り替える能力のなかに宿っている。『アンチ・オイディプス』の決定的に重要な思想的要点は、〈無意識〉は劇場ではなく工場であることを主張した点にある。

無意識は意識によって打ち棄てられたものの貯蔵所ではなく、意識的行為のダイナミックなファクターとして機能するものなのである。無意識は意識の領域を混乱させ、分裂させ、作り替える。そうやって意識の新たな形状がマグマ的な無意識を背景として出現するのである。

イグナシオ・マッテ＝ブランコ[*4]にとっては、無意識は加算不可能な領域であり、合理的秩序に抵抗する領域である。彼はこう言う。

「無意識は加算可能なものの力に加えて、連続体としての力をも有した無限集合に関わっている」[*5]

ここで言われている連続体という概念は、分離という概念に対立するものである。合理的な言説は分離したもの〔不連続単位〕の結合に基づいているが、無意識はマグマ的な連続体として作動するということである。

しかしながら、私の無意識に対する関心は、すでに述べたように、厳密に精神分析的なものではない。私が理解したいと思うのは、私が精神空間と呼ぶ精神の社会的領域である（それは想像力の流れが循環し、想像的なものを形状化して取り込もうとする空間である）。

われわれは集合的無意識について語ることができるだろうか。

厳密に精神分析的観点からすると、無意識は個人的なものである。しかし人類学的に枠を広げると、無意識の個人的働きは、集合的領域としての精神空間から発する流れによって生まれ変容するものである、と言うことができる。

精神空間は個人的流れの集合体ではなく、神経刺激が神経物理学的形態をまとって情報が循環する空間（情報空間）である。

集合的無意識という概念は、よく知られているように、カール・グスタフ・ユングによって最初に提唱されたもので、彼は一九四三年に次のように書いている。「われわれは無意識のおかげで、歴史から受け継いだ集合的精神を共有し、そのなかに狼人間、悪魔、魔術師などの神話的世界が自然に息づいている。なぜなら、これらのものは過去の時代の感情のなかに力強く住み着いていたものだからである[*6]」。

近代のめざめとともに、科学的合理性が神話的思考に取って代わった。しかし過去の遺産は消滅したわけではない。それは集合的無意識という共通貯蔵庫のなかに存在し続けているのである。

＊4　訳注――Ignacio Matte Blanco（1908‐95）チリの精神科医・精神分析医。邦訳書に『無意識の思考――心的世界の基底と臨床の空間』（岡達治訳、新曜社、二〇〇四年）。

＊5　Ignacio Matte Blanco, *The Unconscious as Infinite Sets* (London: Gerald Duckworth, 1975), p. 17.

＊6　C・G・ユング『無意識の心理』高橋義孝訳、人文書院、一九七七年、一五五頁。

したがってユングのいう集合的無意識は、「経験の沈殿物であると同時に経験に先立つものでもあり、時代を超えて形成された世界イメージ（イマーゴ・ムンディ）である」という定義が成り立つことになる。[*7]しかし私が注目するのはこのことではない。私は過去の象徴の痕跡には関心がない。そうではなくて、現在において環境との関係で精神が変容するダイナミズムに関心があるのだ。私は集合的無意識における神話的象徴の遺産とその堆積物に関心があるのではなく、社会的精神の現在におけるダイナミズム――その前兆、その傾向、その病理、その進化といったもの――に関心があるのだ。

私は精神空間の生成変化と新たな精神的形状の出現の可能性を地図化したいのである。現在を起点としつつ、生成変化を単線的・決定論的に捉えるのではなく、生成変化の可能性を広い視野で捉えたいのだ。不安や錯綜や重層といったものに病理だけを見るのではなく、予想外の進展に通じるかもしれない可能性を見たいのである。

パンデミックという曲がり角の向こうに、われわれは社会的精神や認識の奥深い作動様態に一方向的な変化を待望すべきではないだろう。パンデミックが激化している今、われわれにできるのは、進行中のトラウマ現象を念頭に起きながら、（分岐したり衝突したりする）ありうべき結果を略述するために、精神病理学という文脈、そして精神の再形状化と新たな精神空間の出現という観点から精神的事態のなりゆきを描き出すことである。

「不気味なもの」の遍在

フロイトは『不気味なもの』[*8]（一九一九年）のなかで、馴染みがありながら妙に場違いなものの存在を感じるという心理的経験を取り上げている。ありふれた出来事あるいはありふれた物が、不安定で不気味な、あるいは忌むべき状況のなかで姿を現したとき、われわれは驚き、狼狽し、時には恐怖に囚われる。馴染みのないもの、不吉なもの、不安を催させるもの、不気味なもの、こういったものは日常的経験や共通の環境を混乱させる可能性を孕んでいる。

フロイトは「不気味なもの（ウンハイムリッヒ）」という概念を説明するために、E・T・A・ホフマンの文学作品を引き合いに出す。それはよく馴染んだ状況を背景としてまったく馴染みのないものが事細かに描かれるとか、われわれが熟知しているものがとてつもないカオスのなかに出現する、といった類のテクストである。

さらにフロイトによれば、不気味な感じはしばしば同じものの繰り返しから生まれる。これは「不気味なもの」の概念を反復強迫と結びつけているということである。「不気味なもの」という感覚は、われわれを取り巻く親密な環境のなかに無意識が突然闖入した感覚と見なすこ

＊7　同書、一五七頁。
＊8　訳注——フロイト「不気味なもの」藤野寛訳、『フロイト全集17　1919-22年』岩波書店、二〇〇六年／『笑い　不気味なもの』原章二訳、平凡社ライブラリー、二〇一六年。

とができる。

こうした「不気味なもの（ウンハイムリッヒ）」が、〔新型コロナウイルスの〕パンデミックの最中に、どこか端っこから現れて、生活風景全体に侵入したのではないかと私には思われる。用心、距離を取ること、衛生マスクなど、人と人とのふれあいにかかわるすべての側面が近接空間論的に再定義されることになった。そしてわれわれは馴染みのない細々としたことを日常の習慣のなかに持ち込むことになったのである。

人とのふれあいを完全には断たなかった人たちは、生活のあらゆる局面において体温測定をしなくてはならなかった。発熱、咳、くしゃみなどの症状が、その人の社会的ステータスに変化をもたらすようになった。病人は社会活動のなかでマージナル化されただけでなく、感染を広めないために隔離されなくてはならなかった。治療や療養は自己申告せねばならなかった。「不気味なもの（ウンハイムリッヒ）」の生活全体への拡散は一種の生活環境の変化、一種の象徴空間の組み替えを引き起こす。

パンデミックの引き起こした従来の生活の機能停止はトラウマとして作用し、今も作用し続けている。低強度・長期持続のトラウマであり、いつまで続くかわからないスローモーションのトラウマである。

トラウマは認識論的観点からすると、認識の連鎖の一時的混乱と見ることができる。なによりも認識－反応の連鎖を正常に調整している神経自動装置の故障である。

コロナウイルスの突発はさまざまな異なった次元において分析されなくてはならない。それはまず生物学的・医学的な危機である。それが有する〔致死性、身体的・神経科学的帰結といった〕危険性は、極度に高い、おだやか、などさまざまな仕方で評価することができる。

コロナウイルスの危険性は過大評価されていると考える者がいる。彼らは高齢者やすでに病を抱えていた人々を除外すると致死率は低いと見なす。

しかし私はここで、ウイルス感染による物理的致死率を問題にしているのではない。私は、生物（バイオ）－ウイルスの影響は社会的に見たら生理学的次元だけにかぎられないと考えているのだ。

ウイルスはパンデミックの数ヶ月で、情報空間にも感染した。つまり日常的会話のやりとりが行われていた電子メディア、SNSがウイルスに感染したのである。そして恐怖心、パニック、うつ状態などを引き起こし、〔心理的影響をもたらす〕精神（サイコ）－ウイルスとなったのである。

ウイルス変異の破局的影響は、すでに経済空間に現れている。それは大量の失業、長期に及ぶ劇的な経済的停滞を引き起こしている。

ウイルス感染の急増とそれに続くロックダウン以降、世界中の数え切れないくらいの心理学者が、パニックによる発作、うつ病、自殺といったものの増加を指摘している。それは感情の交流を奪われた若者、感染や入院あるいは孤立にさらされた高齢者の双方において起こった。

しかしわれわれはそういった事態の観察にとどまるのではなく、精神空間がどう変化していくか、そして集合的無意識に関わる精神風景がどう変化していくかに注目しなくてはならない。人間がパンデミックの黙示録にどのように適応していくかは、まったくわからない。しかしわれわれは、このトラウマは心理的かつ認識的な変異を引き起こすであろうと想像することができる。われわれはこの変異を意識的につくりだすことができるだろうか。それともわれわれはそうした力を完全に奪われているのだろうか。これが問題なのである。

二〇世紀末における精神空間の精神病的転換

フロイトが描き出した社会の精神病理的体制は神経症を中心とするものだった。これは「自己保存とリビドーの要請とのあいだの闘いの結果として現れるもの」であり、その闘いでは「〈エゴ〉が痛みと諦めを代償として勝利する」[*9]。

フロイトは『文明への不満』のなかで、近代文明は個人のリビドーの必然的除去（否定あるいは置換）と集合的リビドーの昇華的組織化に基づいていると主張する。「不満」は文明の枠組みのなかでは乗り越えることができない。したがって精神分析的治療の目標は、不満によってわれわれのなかに生まれた神経症を言語と記憶力を通して治療することである、というわけだ。

産業化時代においては、生産の過程が物理的エネルギーの動員に基づいているかぎり、エネルギーを労働や資本蓄積に注入するために身体的欲望の表現は抑制／抑圧される。リビドーの抑圧は神経症の発症にとって根源的な役割を果たす。多くの生活領域における性的欲望の抑圧、自由への渇望（とくに女性における）は、社会秩序の前提条件であった。

しかしデジタル・テクノロジーによってもたらされた社会生活の全面的変化は、二〇世紀末の精神的風景を変えた。つまりフロイト的解釈は、少なくとも精神病理学的には時代遅れとなったのである。

とくに一九八〇年代以降、神経症は精神病理としては影が薄くなり、新たな心理的障害が姿を現すようになった。

新自由主義への転換は情報空間の変化をもたらした。情報空間と精神空間との関係の強度が高まり変化が加速した。その関係変化の影響で、抑圧が過剰表現という形態をとるようになった。さらに否認の動きが可視的領域における無意識の流れの出現として現れるようになった。ジャン・ボードリヤールは、この表現の過剰を擬態（シミュレーション）と誘惑からなるポスト産業体制の本質的混乱の現れとして告発した。さらにボードリヤールは、この考えを延長して、ドゥルーズ／ガタリにおける欲望の重視を批判するに至った。

しかしドゥルーズ／ガタリの描くリゾーム・モデルは、欲望の解放へ向かう可能性のロードマップとしてだけでなく、主要には資本と労働の変容、とくに意味の生成過程の変容として捉えなくてはならない。

『千のプラトー』の著者たちによって理論化されたリゾームは新自由主義グローバリゼーションとデジタル・ネットワークによって実行に移されたために、意味作用の過程が加速化されるとともに複雑化し爆発するに至った。無意識空間と意識的活動との関係が壊れたのである。増殖するメディアの流れが無意識の空間に侵入し、同時に無意識が至るところに循環することを

＊9　前掲『フロイト全集20』一二九頁／『幻想の未来　文化への不満』一三四頁。

可能にした。そのため、二〇世紀末には、フロイトが描いた神経症的風景は、政治的言説、経済、メディア空間に侵入する無意識の流れの精神病的爆発に置き換わった。

神経症的病理の源泉は隠匿行為である。潜在意識が理性的意識の可視空間へのアクセスを否定されるということであり、この否定から抑圧感や失望感が生まれるということである。これがフロイトの神経症理解の核心である。

しかしその後、記号空間の加速化とそれに続く神経刺激の増強が、無意識の中身を露出させるようになった。この時点で、精神的苦悩は露出過剰から生まれるようになる。隠匿や否定による欲望の排除のもたらす暗闇からではなく、欲望の高まりによる痙攣から生まれるようになるのである。

過剰な可視性、情報空間の爆発、過剰な情報‐神経刺激――記号資本主義時代の精神病的爆発はこういったものに根差しているのである。

〈ポストフロイト的な〉第二の無意識の背景にあるのは抑圧ではなく過剰な表現性である。これが新自由主義時代の神経空間に巣くう精神病理の源泉である。それは注意力欠如による混乱、難読症、パニックなどとして現れる。

しかし、私がこの文章を書いている、〔新型〕コロナウイルスのパンデミックに見舞われている二〇二〇年の今、無意識の磁場において何かが変化しつつある。おそらくわれわれはある境界線を越えつつあるのだ。われわれは精神空間の第三期、したがって〈無意識の第三の形状化〉に入りつつあるのではないだろうか。

二〇二〇年のロックダウンのあいだ、私は精神空間に突然変異の波が押し寄せつつあることに気がつき始めた。それは、性的なもの(セクシュアリティ)や感性的なもの(センシビリティ)など身近にあるものの認識にゆっくりとではあるが持続的な変化を引き起こすような波である。

これまで素描してきた後期近代における精神空間の進化を振り返ってみると、二〇世紀の後半において意識と無意識の境界線が変化したことで新たな精神的病を発現させ、神経症体制から精神病体制への移行をもたらしたと言えるだろう。

それに伴って、かつて感性・エロティシズム・情愛の世界を節合していた蝶番が壊れ始めた。そして今、トラウマはエロス的感性や共感力に影響を及ぼしつつある。しかしこれから、どのような適応力、どのような再形成が進行していくのかを、われわれは予言することはできない。なぜなら、このトラウマは曖昧な仕方でしか作動しないからである。その動きの元にあるのは、単なる恐怖心だけではない。渇望や忌避など、他者の身体への神経過敏の新たな表現が、そこには関わってくる。

精神的収縮の深化からいかなる主体性が出現するか、われわれはこれを完全には把握することができない。なぜならこのような主体性は、もっぱら芸術や詩、あるいは精神分析的想像力といった文化的行為に依存するものだからである。

精神分析的解釈はスキゾ分析的想像力に通じなくてはならない。それは過去の精神的経験によってつくられた解釈の規範を超えることであり、そうすることによってわれわれは集合的無意識の変化をよりよく捉えることができるようになるだろう。

ウイルスの侵入の長期持続的影響は、外部世界に対する感情的・感覚的認識にいかなる影響を及ぼすだろうか。

トラウマの影響はすぐにははっきり現れない。トラウマはゆっくり作動するのであり、なによりも精神的収縮として発現し、日常生活のリズムを緩慢にし、倦怠感の回帰を引き起こす。トラウマは同時に、遠隔コミュニケーションのテクノロジーを動員し、モニターや画面に対する社会的精神の依存を増大させ、身体的接触のないデジタル的な過剰刺激をもたらす。二〇二〇年を通じて、われわれはパニックと静穏が交互に現れるなかで、精神活動の境界線に立たされた。周囲の環境との関係が疎遠になることによって世界は室内化し、公共空間はすっかりヴァーチャル化した。

この静穏と沈黙の大洋のなかで、われわれは不安や無感覚やうつ的状態が広範に増大するのを目撃した。境界線の向こうに何が見つかるだろうか。われわれは境界線の向こうに何をつくりだすことができるだろうか。無意識はシナリオのある劇が演じられる劇場でなく、カット&ペーストが行われる実験室であり、カオスのリズムにシンクロしたダンスが行われる実験室であるとすると、集合的無意識のなかにいかなる種類の形状が出現することになるだろうか。

われわれは漂流を始めたばかりであり、その航路図はまだ存在しない。われわれは心の苦痛と欲望のあいだで不安定に揺れ動いている。

社会的超自我の要請は方向転換することになるかもしれない。

フロイトにおいては、超自我は〝欲動〟つまり快楽への衝動を諦めることを要請するものである。それに対して、新自由主義の要請は社会的渇望を動員し支える方向に向けられていて、享楽と攻撃的競争心を称揚するものである。しかし絶えず逃れていく快楽の絶えざる追求、勝者になるための熱狂的くわだてといったものは、つねに現実に裏切られていく。

現在はどうなっているか。

パンデミックの最中に出現した超自我は責任に依拠している。しかし問題は、責任とは何かということである。責任があるとはどういうことか。

他者を尊重して距離を取るということか。

おのれの快楽の追求を諦め、他者の快楽を拒否することか。

欲望を避け、罪悪感を内面化することか。

こういったことは、鬱屈し孤立化した精神状態をもたらすレシピである。そしてそれはいずれ暴力に通じることになるだろう。

無意識という〝内部の異邦〟は、世界的連結（グローバルコネクション）と過剰表現の時代に、外に溢れ出した。それを背景として、今回ウイルスのもたらした崩壊感覚のなかで、一種の終末的沈黙が生じ、エネルギーの消失と相互的罪悪化のゲームが社会空間に浸透した。

われわれはパニックと恐怖心をどうやって乗り越えることができるだろうか。

これを考えるうえで、私は一九八〇年代に戻ってみたい。当時、性における逸脱的風景のなかで後天的免疫不全シンドロームが引き起こした影響はどうであったか。性愛的想像力のなかでこのレトロウイルスによって引き起こされた不安は、性的エネルギーの転置を作動させ、その後ポルノグラフィの隆盛への道を切り開いた。

エイズは審美的・文化的観点からいうと、ヴァーチャル化の人類学への移行を画するものであった。性的行為のヴァーチャル化である。画面やモニターを通した接続は欲望と快楽を分離し、具体的結合の実行のないまま興奮するという循環回路をつくりだす。

しかしながら、このシンドロームは社会的・性愛的風景に対して周辺的にしか関与しないものであった。なぜならエイズの場合、感染の可能性があるのは〝血〟の交換だけだったからである。

しかし今起きている事態はこれとは異なる。唾液の交換、身体の接近、他人の吐息といったものが、発病効果を発揮する。他者の皮膚への広範な恐れが集合的無意識に浸透し、生きることの喜びをつくる〝共同行為〟の源泉を汚染するのである。

自閉的な情動的・社会的諸関係の体制へ向かう精神的変異が起きているのであり、それに付随して性愛的想像力の攪乱が生じているといえるだろう。互いの身体に対する疑いが互いの欲望に先だって存在し、互いの欲望を妨げる。これは恐れの感覚が内在化しつつあるということだ。加えて言うなら、皮膚に対する違和感はうつ状態や攻撃性に道を開くものである。

新たな空っぽの空間が精神分析的想像力と詩的創造のために開かれている。この精神空間を新たな治療空間として形状化するためにわれわれはいかなるツールを有しているだろうか。

私の友人ダニエル・ボズコフ[*10]が組織したハンター・カレッジ〔ニューヨーク市立大学ハンター校〕におけるズームでのセミナーで、チェンという名前の参加者が、「詩は言語のクリッターである」と興味深い発言をした。

ダナ・ハラウェイによると、〝クリッター〟とは、至るところで増殖し生活世界の構成を変異させる小さな実体、肉眼では見えない生き物である。

チェンの示唆は啓発的である。言語という構築された建造物は、精神空間において、言葉にならない生命‐情報的物質の浸透によって侵蝕され崩壊する。このとき詩は、言語の解体と再構成のための微粒子を発散する。ハラウェイは次のように述べている。「われわれはどうやらトラブルを引き継がなくてはならない。そして多種類の種が繁茂するための条件を再発明しなくてはならない。人間が起こす戦争や虐殺の時代においてではなく、人々とクリッターを渦巻きのなかに巻き込み、人間が集団絶滅し、多種類の種が大量虐殺される時代においてである。

＊10　訳注――Daniel Bozhkov　ブルガリア出身の現代アーティスト。

われわれは『引き継ぎをする〝勇気〟を持つこと、すなわち絶望しないためには、とてつもないものを創造すること』をしなくてはならない」[*11]。

移動するクリッターは、人間の限界を超えていく多種類の種どうしの内的関係をつくりだす。おそらく互いに抱き合いたいという抑えがたい引力が分子的な感覚的関心やあくことなき渇望として生まれ、それが地球上において生死の必要不可欠の原動力となるだろう。クリッターが相互浸透し、互いを輪のようにつないだり、互いをむさぼりあったり、消化不良を起こしたりもするが、部分的に消化・摂取を行い、そうやって共生成的 sympoietic な配置を確立するだろう。これはすでに人体におけるエコロジー的集合機能として知られていることでもある[*12]。

ウイルスはこうしたクリッターの一例である。それは意味を内蔵しない共生的・共詩的 sympoetic な生物である。

ウイルスは意味を持たない。意味を持とうとしない。ウイルスは記号ではない。しかしそれはミクロな物質的微粒子として、それ自体のなかに情報を含んでいる。それは（意図的に）増殖しながら、おのれが意図しないものを人間にもたらす何かである。ウイルスのなかに組み込まれた情報は人体に働きかけ免疫システムを危険にさらすが、それだけでなく、人間がコミュニケートしあう手段である意味作用のプロセスをも危険にさらす。

ウイルスは共生物である。なぜならウイルスは生き延びるために生き物に侵入するからであり、侵入された生き物はその共生行為によって変化するからである（殺されることもある）。またウイルスは共詩的でもある。そして人間の社会的組織体と一緒に象徴的な仕方で共進化する。ハラウェイは、さまざまな異なった生き物を巻き込んでいく過程で行われる相互的創造行為を「共生成 sympoiesis」と呼んでいる。

パンデミック・ウイルスは文化的・精神的な変異を誘発した。しかしその変異は前もって決められたものではなく、精神分析や、詩と呼ばれる記号創造のようなものによってつくられなくてはならないものである。

これから起こりうる心理的後退の波を予測しこれを防ぐため、われわれは適切な対応を考え、欲望と言語の関係を再構成し、身体の接続について詩的な想像力を改めて発揮する必要がある。

＊11　Donna Haraway, *Staying with the Trouble: Making Kin in the Chthulucene* (Durham, NC: Duke University Press, 2016), p. 130.

＊12　Ibid., p. 58.

第II章

自閉症的精神風景

Autistic Mindscape

「ぼくは自閉症のみんながぼくと同じだとは言わない。だけどぼくは物事を誰よりも強く感じる。ショッピングセンターに行くと、さまざまな方向からさまざまな騒音が聞こえてくる。ぼくの脳はそれらの音を素早く処理することができず、すべてが狂っているように感じる。自然のなかに出ると音は平穏になり、淡い色彩とも調和して、受け入れやすくなる。すべてのものがうまく機能して、抑圧されている感じがない」[*1]

『若きナチュラリストの日記[*2] *Diary of a Young Naturalist*』の著者ダラ・マッカナルティによるこの言明は、自閉症的病理に向かう現代の流れを明示している。

人間の精神は一種の飽和状態に達している。過剰な騒音、過剰な神経刺激。ますます多くの人がそれに耐えられなくなり、社会的に機能不全を起こしている。コミュニケーション回路から脱落する人がますます増えている。なぜなら脳が外からの刺激を素早く処理することができず、刺激が苦痛を催す騒音となるからである。そうやってすべてが狂っているように感じることになるのだ。

ダラ・マッカナルティは、五歳のときにアスペルガー症候群と診断された自分について語っている。

私は彼の本を読んでいないが、彼のインタビューは読んだ。そのなかで彼はアイルランドの風景の美しさについて語っているが、同時に自分の自閉症状態について知的考察をめぐらしている。

マッカナルティはこう述べている。「この状態はぼくにとってきわめて重要なのです。というのは、ぼくは人間について最大限学び、人とふれあうことができるようになりたいからです[*3]」。マッカナルティの発言は、私が読んだ自閉症についての定義のなかでおそらく最も理解しやすいものである。自閉症の人は社会的相互作用の意味を理解できない。そうであるがゆえに、彼らは「人間について学ぶ」ために最大限の試みをする。そうやって相互作用を受け入れよう

＊1　Patrick Barkham, 'Natural Talent: The 16-Year-Old Writer Taking the World by Storm' (includes an interview with Dara McAnulty), *Guardian*, 16 May 2020.

＊2　訳注——Dara McAnulty（２００４－）作家、環境保護活動家。北アイルランド生まれ。*Diary of a Young Naturalist* の邦訳は『自閉症のぼくは書くことで息をする』（近藤隆文訳、辰巳出版、二〇二二年）。

＊3　Barkham, 'Natural Talent'.

とするのである。他方、自閉症は騒音や注意力の飽和という観点からも捉えることができる。私は自閉症という概念を情報空間の加速化に対するマージナルで例外的なリアクションとして理解してきた。

しかしこれはこれまでの自閉症についての理解である。

ここで私は、自閉症的感性が、われわれが現在経験している移行期の先で、われわれの明日の心理的状態をいかに形状化するかということについて考えてみたい。この移行期は低強度のトラウマ、亜急性のうつ状態、そして一種の感情の混迷といったものに刻印されている。自閉症と呼ばれるシンドロームの科学的定義は理解しにくい。そして自閉症シンドロームに影響された人々（とくに若者）の振る舞いもまた理解しにくい。

アメリカ国立精神衛生研究所は以下のように規定している。

> 自閉スペクトラム症（ＡＳＤ）はコミュニケーションと行動に関わる障害である。〔…〕ＡＳＤの人は以下のような症状を示す。
>
> ＊コミュニケーションが苦手で、他者との意思疎通が不得手である。
>
> ＊関心が限定され、反復的行動を行う。
>
> ＊学校、職場、その他の生活領域において適切に振る舞うことができない。
>
> 自閉症は「〔症状が〕幅（スペクトラム）のある」障害として知られている。というのは、この症状はさまざまなタイプがあり、その表出の程度にも大きな違いがあるからである。ＡＳＤはどん

な民族的、人種的、経済的グループにおいても起きる。ASDは長期持続する障害であるが、治療と対応によって症状を改善し、機能を回復することができる。アメリカ小児学会は、すべての子どもに対して自閉症検査が行われることを推奨している。すべての保護者がASD検査と評価を医師に委ねなくてはならないということである。〔…〕
ASDのすべての人がこうしたすべての態度を表出するわけではないが、ほとんどの人がこのうちのいくつかの態度を表出する。[*4]

このテクストを私流に読解すると、ASDのこの症候は社会規範を喪失した人の態度ではなく、技術（テクノ）-文化と金融資本主義の合体から出現した〝新人類〟を描写したものと受け取れる。自閉症が（直観的共感力が強すぎて内的機能停止をもたらす）過剰な感情移入と並んで（社会的刺激との闘いによる）共感能力の低下を引き起こすとするなら、自閉症は金融資本主義の時代の文化的目印として読み取ることができる。その金融資本主義はいま、加速化の時代からスローダウンの時代へとシフトしつつある。

そしてウイルス・トラウマが生じているいま、自閉症と漠然と命名された態度や行動が人間

＊4　'Autism Spectrum Disorder', National Institute of Mental Health, https://www.nimh.nih.gov/sites/default/files/documents/health/publications/autism-spectrum-disorder/22-MH-8084-Autism-Spectrum-Disorder.pdf

の認識様態の新たな基盤となりつつある。

自閉症が何を意味するのかを把握したいと思うなら、精神病理学のハンドブックではなく、オクテイヴィア・バトラー[*5]の一九九三年の小説『種をまく人のたとえ話 *Parable of the Sower*』を読むほうがいい。グロリア・スタイネム[*6]がこの小説の筋書きを次のようにまとめている。


この物語は部分的に重なる三つの世界に分割された未来のカリフォルニアで始まる。〔…〕われわれはそのうちの真ん中の居住区、過去の秩序を保持しようとしている壁に囲まれたコミュニティのなかで、ローレンという名前の一〇代の若者と出会う。彼女が物語の語り手である。彼女は賢くて希望を抱いているが、同時に友達や裏切りを恐れている。彼女はまた、過剰共感シンドロームを病んでいる。これは麻薬中毒の母親から受け継いだものである。この病のせいで、彼女は自分の周りにいるすべての生き物の痛みを感じる。しかし痛みが強すぎるため彼女は身動きができず、苦しんでいる人を助けることができない。[*7]

ローレンの父親は彼女をシニカルになるように変えようとする。痛みが至るところに目に見えるかたちで蔓延している環境のなかに住んでいる人にとってシニシズムは不可欠なのである。

私の父は時々私を振り返って見つめる。そしてこう言う。「おまえはこれに打ち勝つことができる。そのなかに入り込こんではいけないのだ」。父は私の過剰共感シンドロームは振り払うか忘れることができるものだと信じ込んでいて、つねにそう主張した。〔…〕

過剰共感を医者は「身体的妄想シンドローム」と呼んでいる。ばかばかしい限りだ。実際に痛いのだ。痛いから痛いと言っているのだ。母が私を生んで死ぬ前に乱用していた特殊ドラッグ、パラセタモールのせいで、私は狂ってしまったのだ。私は私自身の悲しみではないたくさんの悲しみを抱え込んでしまった。その悲しみは私にとって現実ではないのだが、痛いのだ。

私は嬉しい時もあれば悲しい時もあると思われている。しかし嬉しいことがあまりない日々が続いている。[*8]

＊5 訳注――Octavia Butler（1947-2006）アメリカのSF作家。訳書に『キンドレッド』（風呂本惇子・岡地尚弘訳、河出文庫、二〇二一年）、『血を分けた子ども』（藤井光訳、河出書房新社、二〇二二年）など。*Parable of the Sower* は未邦訳。

＊6 訳注――Gloria Steinem（1934-）アメリカのラディカル・フェミニズム運動の活動家・著述家。訳書に『ほんとうの自分を求めて――自尊心と愛の革命』（道下匡子訳、中央公論社、一九九四年）、『プレイボーイ・クラブ潜入記』（道下匡子訳、三笠書房、一九八五年）など。

＊7 Gloria Steinem, introduction to *Parable of the Sower*, by Octavia E. Butler (New York: Seven Stories Press, 2017), p. v, first published 1993.

＊8 Butler, *Parable of the Sower*.

超敏感な人々は未来社会において、狂っているとか、他者に対する苦痛妄想（ときには喜び妄想）に侵された弱い人々と見なされる。この地獄においては、たしかに自分の周りにいる人々の苦しみを感じないほうがいい。自分自身の苦しみとつきあうだけで十分苦しいのだから。他者についての直観、他者が存在するという基本的直観、これをわれわれは当然のことと考えている。

神経生理学者ヴィットリオ・ギャリス[*9]によると、われわれの脳は神経細胞を有している（彼の言い方によると〝ミラーニューロン mirror neurons〟）。この神経細胞が他者を認識し、他者の行動の意味を理解することを可能にする。

カリフォルニア大学ロサンゼルス校の神経科学者マルコ・イアコボーニ[*10]は、ミラーニューロンは共感力のような人間の感情能力のベーシックな神経であると見なしている。また認識的共感力と感情的共感力とは異なると見なしている。

そしてまた、このベーシックな神経は共感力の程度の幅の広がり（＝スペクトラム）の基盤をなす前提条件である。感情と文化は互いに影響を及ぼしあう。そしてわれわれがいま通過している文化的境界線において、感情のスペクトラムが変異しつつある。

どう変異するかは決まっていない。なぜならその境界線は揺らいでいるからである。自閉症は感情のスペクトラムが創発的に出現する動きを表している。私はそこに危険を見る。パンデミックの変異の影響下において、認識共感力の欠如が感情スペクトラムに極端な牽引力をもたらしつつあるからである。

われわれはかつて例のない重たい苦悩に直面している。当然のことながら、若い世代は自分たちが住むことを望んだわけでもないこの世界で起きていることに責任を持つことを拒否するだろう。また彼らは他者の苦悩を〔認識共感力を通して〕共通の問題として受けとめることを拒否するだろう。

アレキシシミア〔無感情症〕はこの苦悩の重荷から生まれるのである。アレキシシミアはASDとオーバーラップするという研究報告がある。他者を自分に密接に関連がある存在として感情的に受けとめることができないこと、これが人と人の関係が、身体的接続からデジタル化による自動的連結へとシフトした結果もたらされた主要な社会的遺産なのである。

他者の感覚を捉えることの困難、そして他者の感覚を思い描くことの困難、これはまた過剰行動／衝動的行動という症候群と結びついている。

＊9　訳注——Vittorio Gallese　イタリアのパロマ大学教授。

＊10　訳注——Marco Iacoboni　イタリア生まれの神経科学者。カリフォルニア大学ロサンゼルス校（UCLA）デイヴィッド・ゲフィン医科大学院の精神医学・行動科学教授。訳書に『ミラーニューロンの発見——「物まね細胞」が明かす驚きの脳科学』（塩原通緒訳、ハヤカワ文庫、二〇一一年）など。

第Ⅲ章

キスキスキス

XXX

一九七〇年代に多くの青年活動家や学者の注目を集めた『アンチ・オイディプス』のメッセージは何だったのだろうか。われわれはこの本のなかに何を見つけたのだろうか。欲望の解放の約束か、それとも新自由主義のリゾーム的旋風のなかにおける欲望の罠の予告だろうか。あるいはこの両方か。

私の考えでは『アンチ・オイディプス』のメッセージは、欲望は社会的生成の主要な戦場、つまり紛争と進歩、抑圧と解放の闘争の場(アリーナ)であるということだ。しかし欲望は必ずしもいい働きをするものでもなければ、また進歩的力でも啓蒙的エネルギーでもない。欲望は欲望の反対のものを育む争いの舞台でもある。

ウイルスの嵐が欲望の舞台を荒らしているいま、われわれは性愛(エロス)的感性がどう変化していくか予言することができない。われわれにできることは、この混乱の深さを推し測り、感性が欲望をどう方向づけていくかを推測することだけである。

キス

「『コロナウイルスに感染しないためにキスをやめ、セックスするときはマスクをすること』。カナダの感染症対策の主任医師はこう言った。彼女はこうも付け加えた。『パンデミックのあいだは自慰をするほうがリクスが低い』」[*1]

われわれは歴史上はじめてキスを避けるように求められている。マスクをしてセックスし、自慰をするのが好ましいという最悪のシナリオも提示されている。

多くの人々がパンデミックによって失業しているのだから、キスをやめることなどたいしたことではない、と考える者もいるだろう。

私はそうは思わない。

この種の指示の医学的効果を議論しようとは思わない。おそらくウイルスによる死亡を少なくするためには必要な措置かもしれない。

しかしながら、他人の唇や肌を恐れることには、パンデミックの直接的結果を上回る危険が

＊1　Julie Gordon, 'Wear a Mask While Having Sex, Canada's Top Doctor Suggests', *Reuters*, 3 September 2020, https://www.reuters.com/article/us-health-coronavirus-canada-sex-idUSKBN25T2Y9

伴う。それは社会的関係の脱性愛化の危険であり、生きていることとの痛みを和らげる身体のリラックスのための最も基本的な行為を禁止することに伴う危険である。「キスとハグを送ります」、これがロックダウンのあいだに私が送ったほとんどすべてのメッセージのしめくくりの言葉である。

これは遠くのモニターに向けてキーボードから送られたヴァーチャルキスである。唇を近づけるという三次元空間における身体的行為が停止されると、唇と舌の接触の前触れとなる身体の近接は、恐れと配慮と警戒の影で覆われる。

すべての人間的行為のなかでも、キスは最も人間的な行為であるように思われる。それは感覚的な無意識の次元において何かが起ころうとしていることを想像させるからである。

人だけがコミュニケーションができる動物なのではない。蟻は複雑なことについても化学的手段で情報を伝達しあうことができるし、蜂は腹部の振動〔ダンス〕で仲間に飛行先を指示することができる。

しかしながら私が知っているかぎり、頭を微妙な仕方で傾けて自分の唇で他者の唇に触れる動物は人間のほかにない。他者の口の中を舌で優しく愛撫し、甘味を味わう動物は人間のほかにない。これはまさしく説明しがたい快楽と欲望の化学的作用によるコミュニケーションであり、人間だけがキスの言葉を知っているのである。

ただしすべての人間文化がまったく同じテクニックを使うわけではない。鼻をこすりつける文化もあるし、もっと奇妙な仕方で触れあう文化もある。しかし、自民族中心主義とは思われたくないが、キスは美しいと言わせてほしい。

二〇二〇年五月九日、『エコノミスト』は次のような編者の小論を掲載した。

ソーシャル・ディスタンスは肉体的接触を難しくする。〔…〕ロックダウンによる孤独は、人々が恋愛関係から何を期待しているかを改めて考えさせる機会となった。

今日アメリカで二億四〇〇〇万ほどの人々がデートアプリとウェブサイトを使っている。[*2] パンデミック以前でもアメリカのカップルは、個人的に会うよりもオンライン・デート・サービスを通して話をしていた。これはスタンフォード大学とニューメキシコ大学の社会学者が二〇一九年に公表した研究報告に基づく事実である。

四月に入って、〔いわゆるマッチングサイトやアプリの〕OkCupid、PlentyOfFish、Tinder、Hinge、Match.com などを介して日々送られるメッセージが、二月の最後の週に比べて二七％上がった。二月後半、中国における感染の蔓延が最悪の期間、中国のアプリ TanTan のユーザーはこのアプリを通常よりも時間にして平均三〇％長く利用した。〔…〕

友人や家族とのズームによるおしゃべりは新型コロナ時代の習慣になった。Match.com

＊2　訳注――アメリカの人口は当時、約三億三二〇〇万だから、人口の約七二％相当のアカウントが存在していることになる。

> の調査によると、アメリカの独身者の七〇%ほどが、今ではヴィデオを使ってデートしているという。〔…〕
>
> 驚いたことに、人々はヴィデオデートで気持ちを赤裸々に表そうとする。〔…〕
>
> 人々が新型コロナウイルスを気にしなくなるまで、ほとんどの独身者はお相手候補との密接な接触に用心するだろう。三月からの調査によると、OkCupid のほとんどのユーザーは、ヴィデオを使い続けると言っているという。ヴァーチャルデートはパンデミックよりも長続きするということである。[*3]

もちろんヴァーチャルデートはパンデミックが終わっても続くだろう。

人々が新型コロナウイルスを気にしなくなるまで、彼らは密接な接触を避け、キスや唾液の交換に慎重になるだろう。しかしこの慎重さは、WHOがコロナウイルスは撲滅されたと宣言してからも消えることはないだろう。なぜなら、第一に、われわれはパンデミック時代に入ったからである。この時代には伝染性の病気の広がりが恒常的な脅威となる。第二に、この経験は合理的な医学的自己防衛手段の範囲を超えて、感覚のなかに刷り込まれつつあるからである。映画プロデューサーのナイーマ・ラザは、『ニューヨーク・タイムズ』に寄せた論説で次のように書いている。「キスは性愛(エロス)的つながりをつくる最も効果的な方法であるが、それは同時にコロナウイルスに感染する最も効果的な方法でもある[*4]」。

ラザはパンデミックを通したわれわれの生活経験から道徳的教訓を引き出そうとしている。

われわれはコロナウイルスや隔離や孤立について、ヴァーチャルデートを通じてぎこちない会話をし始めた。こうした会話は予測されなかったわけではない。新しいカップルは安全な性行為（セーフセックス）についても話題にしていく。ファーストキスのような無邪気な行為についても話が及ぶ。安心するためにはそうしなくてはならないのだ。

新しい世界が開かれるにつれ、われわれはより〔慎重に〕相手を選ぶようになり、より時間をかけて、より一人ずつ順繰りに、これまで以上に期待し、注意を払いながらデートを始める。

正直になろう。ファーストキスがまたタブーになるかもしれないのはちょっとスリリングではないか。

そういうことも必要なのだ。[*5]

ラザのこうした浮ついた反動的とも言える口調を私は好きではない。彼女は、ウイルスは一種の道徳的矯正を催促するものだとほのめかしている。しかしウイルスは性愛文化を罰しようとするものではない。

＊3　'Casual Sex Is Out, Companionship Is In,' *Economist*, 9 May 2020.

＊4　Nayeema Raza, 'What Single People Are Starting to Realize', *New York Times*, 18 May 2020.

＊5　Raza, 'Single People'.

われわれは強制的に一夫一婦制に戻らねばならないのだろうか。われわれは家族以外の人間を疑いの目で見なくてはならないのだろうか。

私は軽薄な行為や向こう見ずな行為に誘おうというのではない。しかし頬を近づけあうこと、唇を近づけあうことを恐れるのは、人間の未来の幸福にとって核爆弾よりも悪影響を及ぼすと考える。

これが誇張であることを私は心得ている。また私がこうした誇張をしすぎることを自覚している。

しかし私は、誇張は問題の核心に至る最良の道であると考えている。そして性愛経験の痛ましいほどの貧困化が始まっていると考えているのである。

危機に瀕するエロス

北半球の人々のあいだにおける性的衝動の衰弱の自覚は新しい出来事ではない。二〇一五年、デヴィッド・シュピーゲルハルター教授は、アメリカの若い世代のセックス離れについて論じた『数字から見たセックス *Sex by Numbers*』という本を刊行した。[*6]

JAMA Network Open の最近の調査によると、アメリカの（一八歳以上の）成人の性交の年単位の回数は、二〇一〇年代になって一九九〇年代に比べて約九分の一に減ったという。[*7]

セックスはこの世から消えつつあるのだろうか。実際にはそうではない。なぜなら世界人口は少なくとも非西洋諸国においては増加し続けているからだ。そしてヨーロッパの政治権力は白人における出生率の恒常的低下を気にかけ、政府は女性がお国のために子どもを生むように奨励金を出している。地球規模で見ると、生殖活動は大気汚染に劣らない危険を孕んではいても止まってはいないのである。

フェミニスト哲学者ダナ・ハラウェイは先に引用した著書『困難を抱えて』のなかで、予想される世界人口の増加のもたらす劇的影響について不安を表明し、とくにフェミニストの立場から、このテーマがいかに微妙な問題を孕んでいるかということを指摘している。

〔このテーマは〕食べ物、仕事、居住、教育、旅行、コミュニティ、平和、身体や愛情行為のコントロール、健康管理、避妊、子どもを生むかどうかの判断などに関係する。これらはすべて性的・再生産的権利の問題なのである。こうしたすべてが世界中でなくなったら、どんな驚くべき世界が出現するだろう。私が知っているフェミニストたちは人口制限

＊6　訳注――David Spiegelhalter（1953－）ケンブリッジ大学統計研究所教授。専門はベイズ統計学、リスクの公的理解。英国王立統計協会会長も務めた。*Sex by Numbers* の邦訳は『統計学はときにセクシーな学問である』（石塚直樹訳、ライフサイエンス出版、二〇一八年）。他の訳書に『もうダメかも』（共著、松井信彦訳、みすず書房、二〇二〇年）など。

＊7　Peter Ueda et al., 'Trends in Frequency of Sexual Activity and Number of Sexual Partners Among Adults Aged 18 to 44 Years in the US, 2000–2018', *JAMA Network Open* 3/6, June 2020.

の言説と政策に抵抗している。なぜなら彼女たちは、老若の女性の安寧よりも生政治的問題を視野に入れているからである。人口制限の実施がいかなるスキャンダラスな結果をもたらすかは目に見えている。しかし私の見るところ、科学的研究や人類学的研究をしているフェミニストたちは、人間の数の加速的増大の問題にそれほど積極的に立ち向かおうとしていない。これに取り組むことは、レイシズム、階級差別、ナショナリズム、近代主義、帝国主義といった悪しき轍に陥るのではないかと恐れているからである。

しかし恐れていてはよくない。一九五〇年以降の不可解な人口増加の問題の緊急性を回避することは、キリスト教徒が信仰の核心に触れるからといって気候変動の問題の緊急性を回避してはまる轍に通ずる可能性がある。〔…〕一五〇年かけて九〇億に達し、運がよければ二一〇〇年には一一〇億に達するという見通しは、単に数の問題ではない。そしてそれは資本主義や資本家を非難して済ますことができる問題でもない。[*8]

〔西洋における〕出生率の低下は世界の広範な地域に影響を及ぼすが、他の地域における人口増加と相殺される。しかしながら、出生率の高い貧困国からの移民の流入は出生率の低い富裕国に排斥されている。したがって、世界人口の再配分が現在必要な共通の課題となっているにもかかわらず、これがうまく機能していない。なによりもこの再配分は老化した白人社会の自己防衛本能を傷つけるからである。

〔私の母国〕イタリアの住民は老齢化していて、この流れはとまらない。出生率はコンスタントに低下している。

にもかかわらずこの三〇年、政府は反移民政策を取り続けている。不条理な法律によって移民の拘束、拘留、排斥が続き、それと並行して移民は奴隷労働力として搾取の対象になっている。ポーランド、イタリア、フランスのようなヨーロッパ諸国は、子どもを生む女性に一時金を支給する決定をしている。これはレイシズムであり女性を貶めるものであると私は言いたい。白人種が子宮を確保するために金を払い、白人国家のために白人の子どもを増やそうという行為である。

たしかに子どもを持ちたいと望む女性はいる（そう望む男性もいる）。しかし世界には、母親も食べ物もなく、親を求めている子どもたちがたくさんいる。自分の体から子どもをつくりたいと望む動機は何なのだろうか。

少し立ち止まって考えてみよう。人口学者の予想によると、今世紀〔二一世紀〕に地球の人口は九〇億から一一〇億くらいになるという。地球上の多くの場所で水不足が起きる。気候変動によって、これから数十年のあいだに居住可能空間が少なくなる。ここで、安全は人間と人間の接触を減らすことによって保たれるという、ウイルスの基本的メッセージを想起しておいても無駄ではないだろう。

人口が増え、居住空間が減り、人と人との距離が近くなり、感染が増える、という構図である。

＊8　Haraway, *Staying with the Trouble*, pp. 6, 7.

人口増加が止まらなければ、逆説的にも人間の絶滅が見えてくるということだろうか。

人口増加のもたらす破局的影響についての私の考察がおおいに問題を含んでいることを私は知っているし、このテーマについての政治的介入がいかに危険かつ実行困難であるかを私は理解しているつもりだ。しかし私は、このことについての知識人や活動家の沈黙は偽善的で非難に値すると考えている。宗教家は子どもを生むことはつねに愛情に基づく行為であると考えているが、私は逆に、貧困や絶望の時代を生きることになるであろう人を誕生させることは、愛情に基づく行為ではないと考えている。それはむしろ邪悪な行為ですらある。

私は政治的な出産コントロールを主張しているのではない。権力による介入は受け入れがたいし、またそれでもって人口増加が止まることもないだろうと考えている。理性的人間なら誰でも、世界人口の増加（世界人口は、今後下降線に入るまでに一〇〇億から一一〇億に達するという見込み）は、気候変動によって沈滞しつつある地球上の人間生活にとって最終的な打撃になることを知っている。

セックスの問題に戻ろう。性行為は世界的に見たら減少していないことはすでに指摘した。地球の北側部分において萎みはじめているにすぎない。しかしセックスが死んでいなくても、エロスはヴァーチャル・テクノロジーとウイルスの侵入による重層的攻撃を受けて損耗している。エロティシズムという言葉は何を意味するのだろうか。フロイトは〝本能〟と〝衝動〟とを区別した。フロイトによると、エロティシズムの経験はこの区別に基づいている。動物は本能によって導かれる。これが生殖を可能にする。しかし人間のセクシュアリティは生殖の追求に限定されるものではない。むしろそれとはほど遠いといわねばならない。欲望は生殖に向かうのではなく知識に向かう。自分自身を超えることが性的衝動の核心である。欲望は他者の動きと交差し、他者を吸い込み、他者の匂いをかぎ、他者の肌をなめ、他者に生成する。

ジョルジュ・バタイユがエロティシズムの過剰について語るとき、彼が言いたいことは、エロティシズムは必要に対応するものではないということ、自己保存に従うものではないということ、延命のためのものではないということである。エロティシズムは、われわれが見たことがないものを見ようとする欲望であり、触れることが許されないものに触れようとする欲望であり、自分自身にリスクを冒させようとする欲望である。エロスとは知識に還元されえないものについての知識であり、還元の試みを超える知識である。それは捕獲されることに絶えず身をさらしながら、捕獲されることを絶えず免れる未知のものなのである。

われわれが知っているエロスとはそういうものである。それは未知のものの宝捜しであり、影を捕まえるゲームであり、シジフォスが幾度となくやり直しをすることを可能にする、喜びと錯覚の決して終わることのない癒しがたい経験なのである。

しかしわれわれは今、外界の光のなかで蜃気楼のように揺らいでいるこの時代の変わり目の影のなかでおののきながら、欲望、エロティシズム、セクシュアリティを再考しなくてはならない。

ここまで私はあちこちに話を脱線させながら精神の散歩を気の向くままに行なってきた。もう少しこれを続けよう。

シジフォス

まずは、とくにアルベール・カミュが取り上げたことで有名なシジフォスの神話について。

周知のごとく、シジフォスは重たい石を丘の頂上まで押し上げなくてはならない。彼が丘の頂上に到達したとき、石は坂を転がり落ちてしまう。それゆえ彼は丘を下って、この苦役をまた再開しなくてはならないというわけだ。

カミュはこう書いている。「私にとってシジフォスが興味深いのは、シジフォスが坂を下りていくあいだ、つまり苦役の休止のあいだである。この男が果てしのない苦痛に向かってゆっくりと下りていくのが目に浮かぶ[*9]」。

しかしカミュの結論は、われわれはシジフォスが幸せであると思わなくてはならないというものだ。なぜならシジフォスの絶望的行為は人間の条件の不条理を示すとともに、この不条理な条件は同じように苦悩する他者が分かち持っているものでもあることを示すものだからだ。「生きることの意味はどこにあるか」とカミュは問いかける。そしてこう答える。すなわち〝意味はどこにもないと認識すること〟にあるのだと。生きることに意味も理由も目的もないと知るなら、生きることはよりよいものになるだろう。これは絶望を意味するのではなく自由を意味するのであり、ゴールなき反乱を意味するのである。究極目的は生の宿命と持続のなかに含まれているのではなくて、日々の生活の強度のなかに隠されているのであるから、神と永遠は否定され、絶対的なものは否定されなくてはならない。

かくして、ひとつの問いが立ち上がる。すなわち、〝ゴールもなく、絶対的な究極目標もなく、堅固な確かさもない条件の下で、われわれはどうやって幸せに生きることができるだろうか〟ということだ。私の答えはこうだ。〝われわれにはそれができる。なぜならわれわれは、われわれに似ていると同時に異なってもいる素晴らしい生き物と生を共有しているからであり、そうした生き物と一緒にわれわれは歴史の岩を丘の上まで押し上げ、一緒に坂を下り、そしてまた初めからやり直すことができるからである〟。そしてわれわれは、そのゆっくりした下降のあいだ、酩酊したような言葉を吐き、唇にキスしあうのである。

これまでさまざまなモンスターと戦った反逆者を思い起こそう。モンスターが再び三たび視野に入ってきた。そのなかには反逆者の隊列から出現するモンスターもいる。

反逆者は絶望しない。反逆者は幸せである。なぜなら彼らはお互いに愛しあっているからであり、ハグしあっているからであり、彼らの反乱はキスとハグによってリズミカルに律動しているからである。

われわれが身体的接近を阻まれることになったら、歴史の不条理な暴力をどのように受けとめることになるだろうか。

＊9　アルベール・カミュ『シーシュポスの神話』清水徹訳、新潮文庫、一九六九年、一七〇頁。

第Ⅳ章 悲しきエロス

Sad Is Eros

涙を流すアナーキーなアフロディテ

W・H・オーデンはフロイトの死の直後、彼に一篇の詩を捧げたが、それは達観した明晰さと差し迫る悲劇の直観のあいだを揺れ動くものだった。

一九三九年に第二次世界大戦が始まったとき、この詩人は時代が黙示録的状況に向かっていることを察知していた。

フロイトはヨーロッパが恐るべき深淵に沈もうとしていたとき、ロンドンで死去した亡命ユダヤ人である。オーデンはフロイトを破局の淵にある人類の行く手を照らし出した人物として描いている。

〈憎しみ〉だけが日々の行いを変える
希望と喜びの明かりだった
彼の陰気な顧客は人殺しをして
庭を灰で覆えば治癒すると考えている[*1]

フロイトの死は憎しみの伝道者から喜びで迎えられた。精神分析は憎しみを生み出すとびきりのモンスターを溶かすための対話的手法である。

その時代、ヨーロッパを荒廃に導こうとしていたファシズム体制は、痛みを治すために殺人に訴えようとする陰気な人々から成っていた。自らがモンスターになることによってモンスターと戦おうとする人々である。

今われわれは、ファシズムが解体してからもこうした陰気な人々が消え去ってはいないことを知っている。彼らは新自由主義の衣装をまとって蘇っている。そして世界中に展開している。アメリカではナショナリズムとレイシズムが至るところに浸透し、見かけだけの民主主義の手綱を握っている。精神的苦痛、病気、錯乱といったもののあいだの関係は、この国において明らかである。二〇一八年、この国では六七万人がオピオイド系薬物の過剰摂取で死んでいる。

*1　W・H・オーデン「ジクムント・フロイト追悼」『もうひとつの時代』岩崎宗治訳、国文社、一九九七年、一九五－一九六頁。

そして毎日三一九人が銃で撃たれ、そのうち一〇六人が死亡している。[*2] オーデンはこのテクストのなかで、権力は精神分析を恐れていることを示唆している。なぜなら精神分析の主たる目的は諸個人を順応主義や従属から解放することだからである。

ひとつの理性の声が押し黙る
その墓に向かって
〈衝撃〉を受けた家族が愛された者を悲しむ
悲しきエロスよ、町の建造者よ
そして嘆き悲しむアナーキーなアフロディテよ[*3]

精神分析はその治療機能を超えて、いかにして意識の従属化の過程に働きかけることができるだろうか。オーデンが描いたような、あるいは現在われわれが生きているような黙示録的状況のなかにおける集合的精神の進化に、精神分析はどういう仕方で貢献できるだろうか。この問いに答えを見つけるために、私は〝昇華〟というテーマのなかに入り込んでみたい。これはフロイトが著作のなかに簡潔に持ち込んだ言葉だが、私が知るかぎり、この言葉の哲学的含意は精査されたことがない。

政治的意志ではウイルスの拡散を止めることができないし、人が身体的に接近するとウイルスによって危険にさらされる。したがってわれわれは精神分析を単に個人的治療としてではなく、社会的展望や集合的呼吸のリズムの意識的形成として捉えなくてはならない。その場合、精神分析の機能空間は再構成されなくてはならないことになる。

昇華と不満

フロイトは昇華について、とくに『性理論に関する三つのエッセー』のなかで語っている。[*4]彼は昇華を、セックスにおける原初的目標を別のものに交換する能力、つまりそれを性的なものではなく心理的に性的なものに近いものにする能力であるとしている。

昇華の概念は、性と直接関係はないが性的エネルギーを吸収し触媒する諸活動を導くダイナミズムを感情の経済（エコノミー）の点から説明するものである。この諸活動とは、詩作、哲学、精神的生活、道徳的選択、科学的探究といったものであり、幅広くいうなら文明の形成過程の総体のことである。

こうした諸活動は自らのエネルギーをどこから引き出すかといえば、性的欲望を直接的に性

＊2　'Statistics on Daily Gun Violence in America', bradyunited.org.

＊3　前掲オーデン「ジクムント・フロイト追悼」一〇二頁。

＊4　訳注——フロイト「性理論のための三篇」渡邉俊之訳、『フロイト全集6　1901–05年』岩波書店、二〇〇九年／「性欲論三篇」懸田克躬・吉村博次訳、『フロイト著作集5』人文書院、一九六九年。

的ではない目標に向かって変形する動きからである。

フロイトにおいて昇華は不安から身を守る役割を演じる。フロイトは『文明への不満』のなかで、不安は文明がわれわれの性的想像世界の大部分を否定するところから生じ、その不安を解消するために昇華が生じると述べている。原初的衝動に由来するエネルギーが官能的快楽や肉体的解放感とは異なる方向に転換・投入されることになり、これが昇華であるというわけである。

性的欲望の延期と置換は心理的代償を払わなくては起きえない。神経的病理は文明の当然の報いなのである。フロイトにおける昇華は不安から発動し、抑圧されたエネルギーがリビドー的満足とは異なった方向に投入されたものである。

この置換には三つの段階がある。第一は排除 verdrängung、第二はリビドーの置換、第三は言語的創造としての昇華である。しかしこの置換は神経的病理に通じる抑圧的効果を有する。ところで、精神分析の権威主義に批判的な思想家たち（とくにヴィルヘルム・ライヒ、エーリッヒ・フロム、ヘルベルト・マルクーゼ、フェリックス・ガタリなど）は、昇華という概念に疑問を投げかけている。なぜなら昇華は、欲望を間接的で利己的な目標に逸らすことによって、欲望を抑圧する方途であると見ることができるからである。

問題は、排除–置換のメカニズムが、どのようにして病理的抑圧ではなく創造的昇華に帰着しうるかということであろう。

昇華は一種の〝代替物〟と見なすことができるが、同時に、欲望の意識的共有として、新たな次元における欲望の文化的構築として捉えることもできる。

新自由主義の加速化と「やるなら今でしょ（ジャスト・ドゥ・イット）」文化〔ネオ父権主義〕は昇華する能力を奪った。人々はもっともっと消費をするように、承認された経験から快楽を引き出すように、そしてできるかぎり早くたくさん享楽するように促されてきた。純粋な衝動は排除され、感情を構成することができない。そうした条件下では昇華能力は縮む。パンデミックによるスローダウンがつくりだした抑圧感は現実に対する攻撃的な否定を生み出した。

そうしたなかで、昇華はデジタル空間において新次元を得ることになった。デジタル化による人と人のつながり方の変化が直接的触れ合いの不毛化をもたらし、直接的接触が幻想となり、終わりなきデジタル的刺激が快楽になった。

パンデミックは人々のあいだに身体接触なきコミュニケーションを増大させ、その結果、最終的に言語が自動化され、共感力が凍てつくことになった。

シアラ・ガフニー[*5]は二〇二〇年四月に『ガーディアン』に発表した論説のなかで、性生活について問いを発している。閉じ込もり生活のあいだ、とくにZ世代と呼ばれる〔二〇〇〇年前後生まれの〕若い世代の性生活はどうなっているかということである。

私はZ世代の「性的後退」について、これは先祖帰りしたのではないかという奇妙なノス

＊5 訳注——Ciara Gaffney　フリーランスのジャーナリスト。

タルジーを感じる。最も若い世代が、スマートフォンやソーシャル・メディアやポルノに過剰にさらされるせいで性行為ができなくなるという、性心理的な発育不全に陥っていることを親世代として懸念しているのである。

統計によると以下のようなことが判明している。一九九一年から二〇一七年にかけて、高校生の性行為経験者は五四%から四〇%に低落した。そしてその後、世界規模のパンデミックが到来し、性的ルネサンスの覚醒が始まった。[*6]

シアラ・ガフニーの論説は以下のような奇妙な主張をしている。すなわち、パンデミックは新たな性的革命の条件をつくりだし、その核心にあるのは身体接触のない感受性である。

コロナウイルス以前のバラ色の時代において、ヌードは恥ずべき不快なものだった。それは未熟で哀れですらあるものと見なされた。しかしながらロックダウンの時代になって、SNSでの性的投稿やヌードは自責をもたらさない輝かしいものとして復活しただけでなく、いまやZ世代の性的解放を推進する奨励的な媒介となっている。〔…〕

Z世代はソーシャル・ディスタンスの影響によってセックスのあり方を再発明しなくてはならなくなった。閉じ込もらざるをえない世界では、身体的セックスは不可能になるからである。フリーセックスが時代の因習を打ち破ったように、Z世代の性的ルネサンスは有機的な性的コネクションの因習を打ち破りつつあるのである。[*7]

これを読んで私は一九八〇～九〇年代のサイバーセックス〔チャットなどによる疑似的性行為〕を思い出した。近い将来、ヴァーチャル・リアリティのテクノロジーが、離れた場所からの性的刺激と快楽の新形態を開発することはたしかだろう。しかしガフニーが焦点化しているのはこのことではない。彼女はこう書いている。「引き籠もり生活は性的探究に励むよう鼓舞するだけではなく強制する。それはヌード、性的渇望をもたらすSNSでの投稿、ウェブカメラによるライヴセックスやセクスティング〔メールセックス〕など放埒な試みを促すのである。そしてそれらはほとんどの場合、現実世界とは無関係なのだ」[*8]。

性的渇望をもたらすSNSでの投稿といっても、水がなかったらどうするのだろうか。ヴァーチャル・リアリティにおける官能的刺激の伝達と受容は、出産を予防するという意味で、人口学的観点からは少なくとも一〇〇年くらいは有益な機能を果たすかもしれない。しかし、肌と肌の接触なくしては、至近距離からの目くばせなくしては、匂いを感じなくては、快楽の世界は存在しえない、と私には思われる。

ところで、ジュリー・ヘルパート[*9]は『ニューヨーク・タイムズ』に、アメリカの若者のあい

＊6　Ciara Gaffney, 'Sex During Lockdown: Are We Witnessing a Cybersexual Revolution?', *Guardian*, 20 April 2020.

＊7　Gaffney, 'Sex During Lockdown'.

＊8　Ibid.

＊9　訳注——Julie Halpert　フリーランスのジャーナリスト。

だにパニックが広がっていると書いている。彼らは家に閉じ込められ、際限なく流れる情報の流れにさらされているからである。[*10]

パンデミックによって引き起こされた近接空間の変質は、他者の身体の知覚の仕方を変容させ、これは一時的に身体に苦痛をもたらし身体感覚を変質させていくだけでなく、文化的昇華の新形態をもたらすことになるだろう。

ロックダウンのあいだ、そしてロックダウンのあとも、感染がぼんやりとした危険として存続し続けているので、われわれは情愛関係をヴァーチャル空間に移動させてきた。また求愛や官能（エロティック）の交接も、曖昧なかたちでヴァーチャル化した。

身体的存在の次元から言葉とイメージの次元への官能的（エロティック）コミュニケーションの移動は穏やかな昇華をもたらすが、それは同時に憂鬱な失望にも至り着く。

身体不在のコミュニケーションが刺激する感情の強度は否応なく高まり続け、絶えがたい不安に満たされた孤絶的地点にまで達する。

人は触れることも匂いを嗅ぐこともできない〔他者の〕身体を激しく求め続ける。身体は感情のなかに姿を現すが、感情は身体的接触に転化することができない。こうした状況からうつ的不安が生じるのである。

『千のプラトー』の著者たちは、われわれが必要とするのは歴史に抗うノマディスム〔遊牧的移動〕であると言う。ガタリは最後の著作のなかで、現代の歴史はますます主体性の自己同一化に基づいた再領土化の促進にしるしづけられていると言う。

西洋植民地主義に立脚した主体性の普遍的表象は失墜したが、この失墜の重大さは十分に認識されていない。パンデミックのもたらした危機的境界線は、われわれに啓蒙主義的普遍主義の分解に伴うダークエネルギーの影響を熟考するように促す。この分解に抵抗する勢力は自己同一的形態を対置し、それはレイシズム、ナショナリズム、ファンダメンタリズムとして出現している。

自己同一性（アイデンティティ）について考えるとき、私は人々の近代的な所属意識の歴史的起源に戻ろうと思う。そのために私は貴族政治の概念を取り上げたい。同時にこの概念に対立するものについても取り上げたい。

貴族政治は、もともと所属、純血、起源（民族的、宗教的、国家的などの）との直接関係といったものの社会的特権に基づくものであるが、〝貴族政治（アリストクラシー）〟という言葉は、必ずしもこうした狭隘な定義に帰せられるものではない。

貴族政治は、中世末期のヨーロッパの資本主義諸国において、宗教戦争、民族的混交、領土の移動といったものが行われるなかで、純粋性、非混交性、起源との直接関係性（したがって

＊10　Julie Halpert, 'How to Manage Panic Attacks', *New York Times*, 11 April 2020.

正統性）といったものを体現するものとして出現した。しかし時を経るにつれて、貴族政治はこれとはほとんど対立的な意味を持つようになる。

正統ではなく知識が第二期の貴族政治の切り札である。それは儀礼、混交、愛の貴族政治である。

この分岐はヨーロッパの長年にわたる〝宮廷文化〟の展開のなかで起きた。その起源はアンダルシア、シシリア、カタロニア、プロヴァンス（南フランス）、トスカナなどに見られる。そこでは、イスラム教、キリスト教、ユダヤ教などの文化が混交し、主体性の近代的革命が醸成された。

ジャック・ラカンは〝昇華〟について語ったセミナー（セミネールⅦ）のなかで、衝動がエロスの中心となっていた前近代のセクシュアリティと、欲望の対象（愛された人）がエロティックな感情の中心となる近代のセクシュアリティとを区別している。

王、教会、法王、神への忠誠という貴族的原理は、愛への忠誠という新たな忠誠原理に再コード化されたのである。

ドゥニ・ド・ルージュモンは、『西洋における愛』のなかで、宮廷ロマンス（騎士道小説）に見られるこの分岐を見事に描いている。[*11]『トリスタンとイゾルデ』は、イゾルデをアイルランドからつれてくる役目を課せられた貴族トリスタン（イゾルデはトリスタンが仕える王の婚約者）の物語である。[*12]旅の途上で、トリスタンとイゾルデは抑えようのない魔術的情熱に取り憑かれて愛しあうようになる。

王に対する忠誠から愛に対する忠誠への分岐は、トリスタンとイゾルデに言いようのない苦悩、言いようのない快楽をもたらし、ついには死をもたらす。

貴族政治の封建的概念は壊れる。血統に基づく貴族政治が社会的・精神的優位の保証として閉鎖性と純粋性を尊ぶのに対して、宮廷風（あるいは礼儀作法）の貴族政治は、混交、交雑を尊ぶ。ドゥルーズはこれを「他者になること」と定義する。

キリスト教文化は個人性と内省を強調する。それゆえキリスト教空間においては、宮廷風恋愛は近代のロマン主義に通じる。この流れは知識のエロス化と言うことができる。

そこでは、特異性への関心が欲望のきっかけとなり、特異的知識はエロティックな快楽の核をなすことになる。

これがヒューマニズム文化への道を切り開いた詩的・人類学的革命にほかならない。伝統的な家父長制の時代においては、知識は起源に向かうものであり、あくまでも起源の真理を擁護

＊11 訳注――Denis de Rougemont（1906－85）スイスの思想家・文芸評論家。『西洋における愛』は英訳の書名で（*Love in the Western World*）、フランス語の原題は *l'amour et l'occident*（『愛と西洋』）、邦訳は『愛について――エロスとアガペ』（鈴木健郎・川村克己訳、平凡社ライブラリー、一九九三年）。他の訳書に『ヨーロッパ人への手紙』（波木居純一訳、紀伊國屋書店、一九七五年）、『終焉なき回帰』（有田忠郎訳、思潮社、一九七〇年）など。

＊12 訳注――『トリスタンとイゾルデ』は中世ヨーロッパの伝説の一つ。これを題材にR・ワーグナーは一八五九年にオペラを作詞・作曲した（一八六五年初演）。

するものと見なされていた。なぜなら起源の真理は絶えず分散の危険にさらされていたからである。それに対して、この革命は思考と認識の新たな道を告知するものであった。そこにおいて知識とは、まさに自己の分散であり、自己同一性(アイデンティティ)の解体であり、未知のものを経験するということにほかならなかった。

ダンテのオデュッセイア[*13]における〝狂気の飛翔〟はこの革命をしるしづけるものである。すなわち知識とは他者になることなのである。

ルネサンス、科学革命、近代のダイナミズムといったものは、この知識と他者性との関係の革命を前提にしている。

ここにおいて、儀礼とは結局のところ何か。それは欲望の言語的進化であり、衝動の言語への転化であると私は言いたい。このことは、貴族はもはや最も純粋な階級ではなく、同じ血統を有していなくても互いに理解しあうことができる人々のグループであることを意味する。言語的意匠が存在論的起源に取って代わるということだ。相互浸透性が統合的一体性に取って代わるということだ。

ここで、血縁共同体(ゲマインシャフト)という概念が、超共同体的政治的実体(国民国家や制度化された社会など)への協約的参加としてのゲゼルシャフトに対立するものとして問題となる。後期近代の変化はこの意味のゲマインシャフトを解体し、社会の協約的統合性を強化したが、最終的に貨幣によって抽象化されたゲゼルシャフトに世界規模で依存するようになった。

(ゲマインシャフト的)共同体の破壊と脱領土化のプロセスは、この数十年のグローバリゼーションによって極端なまでに進展した。しかしわれわれは、いかなる脱領土化も、それに対して反動的に作動する領土化のプロセスを引き起こすことを知っている。したがって、グローバリゼーションによって引き起こされた巨大な人類学的・心理的混乱の発動のなかで起きた（ゲマインシャフト的）共同体の解体は世界規模の反動的運動を引き起こし、（ゲマインシャフト的）共同体が復活してきたのである。しかしそこには大いなる曖昧さが伴っている。なぜなら〝共同体〟は〝貴族〟という言葉と同じように曖昧な概念だからである。

知的・審美的価値の意識的共有に基づくノマド的共同体というものがある。これは分散したものが雑然と集まった共同体であり、欲望を共にするかぎり同じ場所にとどまる人々の共同体である。

また共通の起源や共通の領土という幻想に基づく所属意識からなる共同体もある。この共同体（人種、国土、家族など）は権威主義、家父長主義、戦争などを培養する。

ノマド的な共同体は境界線を守ろうとしない。なぜならアイデンティティを守ろうとしないからである。この共同体は本質的に分散的であり増殖を求める。この共同体はアイデンティティに基づくものではなく、社会的、文化的、民族的なアイデンティティの消失を促進する。

プロレタリアの闘争の主要目標はプロレタリア階級の廃絶である、とマルクスは言った。これと同様に、ノマド的共同体の目標は他者になることであり、アイデンティティを解体し、起

＊13　訳注——ダンテ『神曲』の中でオデュッセウスがみずからの航海と冒険を語るエピソード。

源を忘れることである、とわれわれは言うことができるだろう。ノマド的共同体は選択的であると同時に分散的である。ノマド的共同体は欲望に基づいているがゆえに選択的であり、増殖をめざしているがゆえに分散的である。

しかしキスが無意識的恐れとなるなら、われわれを行動や知識や冒険へと突き動かすエネルギーの源泉が涸れる危険性が生まれるのではないだろうか。これが現在の危機的過渡期における私の主要な理論的関心事である。

この三十数年、グローバリゼーションの加速化によって引き起こされた無意識の精神病的爆発が、エロス空間を危険にさらしてきた。ポルノがエロス的想像世界に侵入し、視覚的シミュレーションが身体的接触に取って代わった。しかし今、パンデミックの到来で、われわれはその先へと押しやられている。新たな感覚的布置が姿を現しつつある。この境界線の先にわれわれは何を見ることになるのだろう。欲望の強度の低下、うつと自閉の拡散だろうか。それとも、衝動的エネルギーの創造的移動だろうか。

第3部　無になること

PART 3　Becoming Nothing

第1章

終末の神話学

Mythology of the End

終末なき黙示録

一九七七年、未完の作品『世界の終わり *La fine del mondo*』が刊行された。イタリアの人類学者エルネスト・デ・マルティノ[*1]が書いている最中に死亡して中断されたいわくつきのしろものである。

二〇一九年、私はこの本の新版を読んだ。ジョルダナ・シャルティ Giordana Charuty、ダニエル・ファーブル Daniel Fabre、マルチェロ・マッセンツィオ Marcelleo Massenzio の三人によって編集された版である。

最初にこの本を読んだのは一九七〇年代の末だった。それは私が世界の終末をはじめて意識した時だった。ちょうど私自身の世界が崩壊しつつあった時でもある。

世界の終末をもっと大きなスケールで予示する新型コロナ感染症が始まる直前にこの新版を読みながら、私は現在の黙示録的感覚と、私が参加した一九七七年の運動に内在していた黙示録的感覚とを比較せざるをえなくなった。

一九七〇年代に、われわれは揺り戻しのきざしとしての「黙示録的状況が少しずつ近づいている」というスローガンを唱えていた。ロンドンでは、パンクのアーティストたちが「ノー・フューチャー〔未来はない〕」を唱えていた。

それから四〇年後、先述の揺り戻しが到来し、未来の空間が姿を現した。すなわち、自然の破壊力が噴出し、グローバルマインドが崩壊する、という未来の空間である。

デ・マルティノは未完の本のなかで、二つの黙示録的想像力の様式を区別しているが、この二つの様式はわれわれの世界が消滅していくという精神病的知覚に収斂していく。

ひとつめの様式は、キリスト教の黙示録（啓示、審判、救済からなる）のような終末論的見通しに関係する。終末論的ヴィジョンを包含するコミュニズム的黙示録、すなわち階級なき、疎外なき、したがって完全な人間からなる社会の最終的確立というヘーゲル的〈止揚（アウフヘーベン）〉もこの

＊1　訳注――Ernesto de Martino（1908-65）イタリアの哲学者、人類学者、宗教史家、民族学者。訳書に『呪術的世界――歴史主義的民族学のために』（抄訳、上村忠男訳、平凡社、一九八八年）など。

様式に含まれる。

しかしながらデ・マルティノが主要に焦点化しているのは、コミュニズム的パースペクティヴが解体し、ものごとを決定づける意識的行為の力が解体したあと、現在われわれが直面している終末なき黙示録である。

とはいえ、デ・マルティノが第一に説明しているのは、われわれが想像しうる世界の終わりとは何かということである。

世界は終わりうる。なぜなら人間文明は自己消滅の条件をつくりだしたからである。その条件とは、人間生活の間主体的価値の意味の喪失である。技術支配の力は本質的に意味を欠いたゴールに向かって作動する。これは文化の可能性の消滅にほかならない。われわれの時代の最も本質的な特徴は、世界は終わりうるという意識である。[*2]

デ・マルティノは〝世界〟という言葉に、共通の経験に意味を与える文化的コンテクストを担わせる。それゆえ世界の終わりは、経験によって意味を共有する文化的コンテクストの解体にほかならない。

この解体の可能性は、広島以降の時代であるとともに資本主義による地球環境の破壊を行なってきた時代である後期近代において、先例のない形態をまとう。

しかしながら、この終末なき黙示録の技術的現れが先例のないものであっても、世界の終わりは人類の歴史を通じてさまざまな形態の下にすでに起こっている。

たとえばアメリカ先住民文化の全面的破壊は、終末なき黙示録の定義に完全にあてはまる事例である。世界の多くの場所で終焉が起きたが、それはヨーロッパの植民地主義が、既存の生活とコミュニケーションの形態が意味をもつ可能性を破壊した場所で起きたのだった。

植民地主義はすでに世界の多くの終焉を引き起こしているのである。植民地主義の最終的崩壊（これをポストコロニアリズムと呼ぶ者がいる）と世界の終わりとが符合することは驚くべきことではない。

〈エクスティンクション・レベリオン〉運動[*3]はイギリスで始まり、以後北半球の多くの国に広がった。この運動が広がるなかで、公平な温暖化対策など気候正義（クリメイト・ジャスティス）を求めるグループ連合の〈レッチェド・オブ・ジ・アース〉[*4]が以下のような公開書簡で議論を触発し、世界の終わりに関わる多様な問題が提起されることになった。

＊2　Ernesto De Martino, *La fine del mondo* (Milan: Giulio Einaudi, 2019), p. 70.

＊3　訳注――「絶滅反乱」の意味で、略称XR。地球の生態的危機に抗議する非暴力直接行動の市民運動のこと。日本でも「XR日本」が活動している。https://www.xrjapan.jp/

＊4　訳注――先住民と有色人種、ディアスポラなどによる草の根の運動組織の連合体で、イギリスとグローバルサウスを拠点とする。「地に呪われたる者」の意味で、フランツ・ファノンが植民地の抑圧された人々をこう呼んだ。F・ファノン『地に呪われたる者』（鈴木道彦・浦野衣子訳、みすず書房、新装版二〇一五年）参照。

多くの人にとって暗さは「未来」の問題ではない。先住民、労働者階級、黒人、黄色人、クィア、トランスジェンダー、身体障害者であるわれわれにとって、構造的暴力の経験はわれわれの生存に関わる問題である。グレタ・トゥーンベリは世界の指導者に向かって「われわれの家は燃えている」ことを喚起しながら行動をするように呼びかけた。しかしわれわれの多くにとって、家は長いあいだ燃え続けていた。生態系にかかわる暴力の波が立ち上がるときにはいつでも、とりわけ〈グローバルサウス〉におけるわれわれのコミュニティは、つねに最初にその被害を被ってきたのである。[*5]

グローバルサウスの人々、アメリカ大陸の先住民、オーストラリアのアボリジニ、奴隷貿易の被害を受けたアフリカのコミュニティ、その他の多くの人々が、共通の経験が意味を有していたコンテクストが植民地主義によって破壊されたとき、すでに〈エクスティンクション（絶滅）〉を経験していた。

そして今、これと同じプロセスが地球規模で進行している。それは一見、相対立するようでいて相補的な二つの形態をまとっている。すなわち、一方で普遍主義の解体とアイデンティティをめぐる紛争の増加が見られ、それゆえパニックが激発して人々は消耗するとともに地球規模の内戦が起きている。

そして他方で（先述の動きと対立しながら収斂する方向で）、意味の自動化を可能にするすべてのものを拡散する〈メタマシーン〉の連結機能の確立が進行している。地球規模の認識自動装置は、言語的自動作用が社会的コミュニケーションの接続装置のなかに持ち込まれた結果として生まれた。

この二つの動きが収斂していくプロセスが世界の終わりに通じるのである。デ・マルティノは次のように述べている。

> 人類の宗教史において、世界の終わりというテーマは、循環的な宇宙発生論としてであれ、世界の存在にまつわる悪魔の仕業としてであれ、終末論のコンテクストのなかに現れる。〔…〕現在の西洋世界の状況は、こうした終末論の展望とは反対に、いかなる宗教的救済とも無関係の終末に遭遇している。そこにあるのは、慣れ親しんだもの、意味に満ちたもの、操作可能なものなどの希望なき破局である。そして、形のあるものの解体、親密なものの離反、シニフィアンの意味の喪失、操作可能なものの操作不可能性、といったものを細部に至るまで実現する破局である。[*6]

＊5 Wretched of the Earth, 'An Open Letter to Extinction Rebellion', *Common Dreams*, 4 May 2019, https://www.commondreams.org/views/2019/05/04/open-letter-extinction-rebellion

＊6 De Martino, *La fine del mondo*, p. 355.

デ・マルティノが『世界の終わり』を書いていた時代は、私にとっては前兆の時代であった。すなわち、音楽、政治、芸術、生活スタイルなどに関わる種々雑多な文化運動が広がり、近代の約束や進歩的展望の解体の輪郭が集合的に予感された時代であった。

イタリアでは、この前兆は、数十年続いた革命的プロレタリア運動とよばれるものの最後の局面のなかに現出した。このアウトノミアの運動は、一九七七年に起きた通常の政治的感覚では理解しがたい蜂起においてピークに達した。[*7]

この同じ年、マーガレット・サッチャーが権力による征服を開始し、社会的連帯の解体に基づく新体制の確立に向かった。そして一九八七年、サッチャーは次のように言明した。「社会などというものは存在しない。個人としての男と女が存在するだけであり、家族が存在するだけである。政府はそうした人々のあり方を前提にしてしか何もすることはできないのであり、したがって人々はまず自分たち自身の面倒を見なくてはならないのである。われわれがわれわれ自身の面倒を見るのは義務であり、それを果たしたうえで、隣人の面倒を見るのである」[*8]。この宣言が二〇世紀を通じてつくられた社会的文明の破壊の始まりと普遍的ヒューマニズムの終わりをしるしづけた。

この頃私ははじめてアメリカを旅した。そしてアメリカのノー・ウェイヴ文化[*9]の激烈な感性や、アメリカ（とくにカリフォルニア）の文化シーンに広がっていた終末神話を体験した。こうした文化的感性は、〈メタマシーン〉のうなり、旧来の言語人間の死を予告する新たな言語テクノロジーの力を察知していた。

ヘルベルト・マルクーゼとマーシャル・マクルーハンが、それぞれ異なった仕方ではあるが、この前兆を哲学的に把握した先駆者である。

ザ・ドアーズとジム・モリソンが〈これが終わりだ　素晴らしき友よ〉と歌っていた。[*10] 〈メタマシーン〉は耳に響くだけではない。それはわれわれの血管のなかでも脈打つ。メタマシーンはヘロインであり、われわれの身体に話しかけるのだ。

六八年の地球規模の運動が敗北したとき、ヘロインは終末を告知するものとなった。われわれが〈メタマシーン〉の響きを聞くとき、世界の終わりが始まるのだ。

＊7　訳注——フランコ・ベラルディ（ビフォ）『NO FUTURE——イタリア・アウトノミア運動史』廣瀬純・北川眞也訳、洛北出版、二〇一〇年参照。

＊8　Margaret Thatcher, interview by Douglas Keay, *Woman's Own*, 31 Oct. 1987, available at Margaret Thatcher Foundation, https://www.margaretthatcher.org/document/106689

＊9　訳注——一九七〇年代から八〇年代前半のニューヨークで、前衛音楽やフリージャズなどの音楽を中心に、身体表現、メディア・アートなどを巻き込むかたちで起きたアンダーグラウンドのアートムーヴメント。

＊10　ドアーズ「ジ・エンド」『ドアーズ詩集』鏡明訳、シンコーミュージック、一九九一年、二六一-三一一頁。

文化的に解読可能なしるしとしての世界は、われわれがそのしるしの意味を解読する能力を失うと終末に至るのである。

そのとき〈メタマシーン〉(精神変化テクノロジー、精神変化ドラッグ)は世界を語り始めるが、世界は〈メタマシーン〉を語ることはできない。そのとき操作可能性と意味作用は、文化的領域の外側からしか、つまり記号テクノロジーからしか機能しなくなる。留意すべきは、記号テクノロジーはコントロールすることができないものであり、逆にわれわれをコントロールするものである、ということだ。

第II章

老化問題

Questioning Senility

技術的不死

前世紀の終わり頃から出生率が下がり、平均年齢が上がったが、それに伴って高齢者は広告だけでなく経済システム全体のターゲットとなった。若者が仕事を失って不安定になり、平均賃金が下がり社会が貧困化したのに対し、ベビーブーム世代〔一九四六～六四年生まれの世代〕は、なお過去の連帯と労働運動の成果を享受している。社会的連帯と階級闘争が生活水準の改善と寿命の延長を可能にした時代にハードワークをこなして手に入れた、それ相応の給料やしかるべき年金を享受しているのである。

その結果、高齢者だけがポケットにお金を入れている時代になった。それほど多額ではなくても生きていくのに十分な資産である。そのため、金融会社、製薬会社、精神薬剤会社、旅行会社などが新たなシルバーマーケットに投資し、技術－不死の文化を後押しすることになった。

広告の真髄は、さまざまな心理－社会的階層の弱点に付け入ることである。たとえば広告は若い不安定労働者に対して平穏な生活や幸福な結婚を約束するが、彼らがローンでお金を借りると、一生借金で苦しめられることになる。シルヴァーエイジの消費者に対して、広告は尽きない性的エネルギーや、豪華なバカンス――しかしこれは衰弱し動脈硬化にかかっているような連中でいっぱいの混み合った場所である――を約束する。

トランスヒューマニズム[*1]のイデオロギーには、必ず広告業者が随伴していて、消費者が不死のビジネス――バイオテクノロジー、薬理学、遺伝学など――に資金を投資するように誘っている。

老化を食い止める技術がグローバルノースで繁茂し、個人医療が進展し、同時に公的医療制度が後退した。その結果は今回のパンデミックで明らかになったとおりである。

若返りの医療技術はどこまで進むのだろう。器官を人工物で代替する技術はどこまで達するのだろう。生命体への無機物の挿入はどこまでいくのだろう。

デジタルなものによる生の刺激はどこまですすむのだろう。

コンピューター科学者レイ・カーツワイル[*2]の答えは明瞭である。すなわち、有機体を刺激するデジタルエンジンの極小化に限界はなく、したがって不死化の試みに限界はない、ということだ。極小化が身体や脳の取り換えを可能にすると、身体－精神の技術的〝代用品〟が生まれることになるだろう。

コンピューター科学やバイオテクノロジーと結びつき、劇的な若返り治療を可能にする医療科学の能力を私は疑うわけではない。この分野の革新が巨大な経済的利益をもたらすことは理解できる。これらの先端医療が社会階層のなかで最も富裕な層に向けられているからである。しかし私はトランスヒューマニズムの約束を信用しない。理由は二つある。第一に、この約束が明白に階級差別的であるからだ。第二に、この約束は還元主義的であるからだ。人間存在は生物学的機械の機能に還元することができるという考えは、時間の持つ奥深い精神的特徴に無頓着で、過去の経験が層状に蓄積されて精神的時間が成り立つということを完全に忘れている。若返り技術は、老化は細胞、分子、組織、器官の弱化、劣化であるという考えに立脚している。それゆえ問題は、そうした器官や組織や細胞をいかに修復したり置き換えたりするか、ということになる。

しかしそうした考えは、経験とは何か、時間とは何か、つまり老化とは何か、ということについての信じがたいほど貧弱で単純な考え（非人間的でもある考え）を反映したものにほかならない。

＊1　訳注——本書第1部第Ⅱ章注4参照。

＊2　訳注——Ray Kurzweil（1948-）アメリカの発明家・未来学者。人工知能研究の第一人者として知られる。訳書に『スピリチュアル・マシーン』（田中三彦・田中茂彦訳、翔泳社、二〇〇一年）、『ポスト・ヒューマン誕生』（井上健監訳、NHK出版、二〇〇七年）など。

MIT Technologie Review 誌は二〇一九年一〇月、「旧時代は終わった」と宣言した。フアン・カルロス・イズピスア・ベルモンテ[*3]によると、「老化は細胞レベルで起きる分子的異常以外のなにものでもない」。彼が言うには、「〔老化は〕個人が絶対に勝つことができないエントロピーとの戦争」である。

デヴィッド・アダム[*4]は、この雑誌の同じ号に掲載された「老化が不可避ではなく治療可能な病気であるとしたら、どうだろう?」という論説のなかで、次のように書いている。

この挑戦的な考えを受け入れたら、われわれが老化を扱う仕方は根本的に変化するだろう。〔…〕

老化は昔から止めようのない不可避の自然現象であると見なされてきた。たとえ高齢者がよく知られた病気で死んでも、その死は老化による「自然死」とされていた。医学者のガレノス[*5]は、紀元二世紀にすでに、老化は自然過程であると論じている。以後長いあいだ、人は年をとったら死ぬという見方が受け入れられてきた。われわれは老化を、年をとると共通に見舞われる条件——癌、認知症、身体的弱化——の蓄積であると考えている。われわれは年をとると病気にかかりやすくなって死ぬということである。これを変える手立てはないということだ。

しかし、こうしたわれわれの老化についての基本的考えを疑問に付す科学者が増えている。もしわれわれが死に挑戦して、死を一緒に防ごうとしたら、どうだろう。老年期にわれわれを襲う一連の病気が死の原因ではなく、単なる症状にすぎないとしたら、どうだろう。老化自体を病気であると見なしたら、どういう変化が起きるだろうか。

ハーヴァード・メディカル・スクールの遺伝学者デヴィッド・シンクレアは、医学は老化を、年を取ることによる自然な劣化と見なすのではなく、れっきとした固有の状態と見なすべきであると論じている。[*6]

アダムはさらにシンクレアに依拠して「薬物研究が老化についての重要な鍵を握っている」と推測している。

＊3 訳注——Juan Carlos Izpisúa Belmonte（1960-）スペインの生化学者。カリフォルニア州ラホヤにあるソーク生物学研究所教授。既訳論文に「内臓はどのようにして左右非対称になるのか」『日経サイエンス』一九九九年九月号など。

＊4 訳注——David Adam　科学、環境、テクノロジーなどをカバーするイギリス出身の著名なジャーナリスト。

＊5 訳注——Γαληνός（129頃-199頃）ローマ帝国時代のギリシャの医学者。

＊6 David Adam, 'What if Aging Weren't Inevitable, but a Curable Disease?' *MIT Technology Review* 122/5, Sep.–Oct. 2019. https://www.technologyreview.com/2019/08/19/133357/what-if-aging-werent-inevitable-but-a-curable-disease/

さまざまな組織が加齢に伴って変化し衰弱する共通のメカニズムが存在するのだろうか。もしそうであるなら、ハーヴァードのデヴィッド・シンクレアが「もぐらたたき」と呼ぶ医学――個々の病気を出現時に治療すること――を実践するのではなく、このメカニズムをターゲットにした薬物を見つければいいだろう。デヴィッド・シンクレアは、そうした薬物は存在すると信じていて、老化の時計を巻き戻す新たな道を発見したと考えている。

シンクレアは近刊予定の『ライフスパン *Lifespan*』という著作のなかで、彼の研究の鍵はエピジェネティクスであると述べている。[*7] この絶え間なく変化する領域の研究は、DNAそのものの変異ではなく遺伝子の機能に焦点をあて、それがいかに病気のような生理的変化をもたらすかを究明しようとする。身体のエピジェネティックなメカニズムは、細胞を保護しDNAの損傷を修復しようとする。しかしこのメカニズムは加齢によって機能が低下する。シンクレアはこのメカニズムを元に戻すための遺伝子治療をマウスを使って行なった。そして加齢で目の見えなくなった動物の「視神経細胞を若返らせる」ことができたと述べている。[*8]

そしてアダムは、再びシンクレアを引用しながら次のように述べている。「老化が治療可能だとするなら、薬物の研究や技術革新、創薬に資金がふんだんに投入されることになるだろう。いまや、製薬会社やバイオテクノロジー企業は、治療不能の老化は存在しないものとして扱うとしている」。アダムは「老化はこれ以上ない最大の市場になるだろう」と述べている。[*9]

この市場はしかし誰にでもアクセス可能なわけではない。これは貧者の生の未来を犠牲にした富者の生の未来――「これ以上ない最大の市場」として――の拡張に狙いを定めた思想であるだけではない。老衰を病気に矮小化し治療対象とすることは、死の哲学的否定であるとともに、老年の特殊性を否定するものでもある。

医学の仕事は失われた身体の機能性を回復することである。しかし老化は劣化ではなく本質的に生成である。老衰を単なる劣化に還元することは哲学的誤りであり、それは意識、快楽、欲望を人間存在から消去することにつながる。

時間の消滅(パッシング)は現在を制覇し現在を記憶のなかに溶解させる精神的変化をもたらすとともに、未来の認知の仕方を変える心理的変化をもたらす。

したがって、老化は純然たる生物的過程と見なすのではなく、哲学的理解を必要とする心理的生成と見なさなくてはならない。

抽象化と数学的正確さに基づくデジタル文化とトランスヒューマニズム的な不死の信仰とのあいだには、明らかに類比的関係がある。永遠は数学的完璧の内在的特徴であり、その意味で不死は抽象概念に属するものである。肉体的死滅の否定をデジタル・イデオロギーの影のなか

＊7　訳注――ＤＮＡに直接関係のない後生的な変異の発生のこと。
＊8　Ibid.
＊9　Ibid.

に見て取るのはたやすい。しかし生は数学的なものではない。なぜなら生は時間のなかで展開するのであり、時間はエントロピー、溶解、衰退の源であるとともに、知恵の源でもあるからだ。このことを忘れないでおこう。

デジタル的な脱老化はノスタルジーにとどまるものではない。それは時間の抹殺であり、知恵の抹殺なのである。

ルサンチマン

暁の女神エオスが森のなかで軍神アレスと出会い、ねんごろになったという物語がある。アレスの婚約者アフロディテはこの裏切りに狂乱し、エオスを罰する。エオスが死すべき運命にある者（人間）を恋するように仕向けるのである。かくしてエオスは美男の狩人を誘惑するために毎日森を探し歩く。

ある日エオスは、超美男で貴族の出で、トロイの町のはずれをさまよっていたティトヌスと出会う。

エオスはティトヌスに魅せられ、ゼウスに会いに行き、愛するティトヌスに不死を保証してくれるように頼む。ゼウスは承諾し、ティトヌスはエオスの愛を永遠に享受することを許される。永遠に？　実際にはそうではない。なぜならエオスはそのときのぼせあがっていて、人間は神とちがって、老化するという不幸な体質を持っていることを忘れていたからだ。このことがエオスの心に浮かばなかった。なぜなら神は年を取らないからである。ここで問題が生じる。若さを保ったまま生き続けられないとしたら、どういうことになるのだろうか、若さとは何だろうか、という問題である。

エオスとティトヌスは長い間愛しあって暮らす。しかしやがてエオスは悲しみを感じ始める。というのは、ティトヌスが干からびて小さくなり、活力を失い、声も衰えてきたことに気がついたからである。エオスはもうティトヌスと一緒に寝ることはできないと考える。エオスはこの年老いた恋人を、病気の子どものように隣の部屋に移す。そうやってエオスはティトヌスのことを忘れてしまう。そしてエオスは毎朝若い男を探しに出かけるようになり、長い時間が過ぎる。

ある晩エオスの耳に遠くから嘆き悲しむ声が聞こえてくる。エオスはティトヌスの部屋のドアを開けるが、ティトヌスはいない。エオスはあたりを見回し、下を見ると、一匹の昆虫を見つける。おそらくセミのようなものだ。そしてエオスは、その小さな生き物のなかに彼女のかつての恋人の姿を認める。エオスはこれを籠に入れてベッドのすぐ近くに置き、毎晩恋人を受け入れる。エオスは毎朝、草の葉っぱとアンブロシア〔不老不死になるという食べ物〕をティトヌスに与える。そして夜には、セミの鳴き声がエオスの夢の伴侶となる。

アルトゥル・シュニッツラーは、美しくも痛ましい小説『カサノヴァの帰還』のなかで、年老いたカサノヴァの話を物語っている。[*10] カサノヴァは人生最後の日々をヴェネツィアで過ごそうと帰還しようとする。その旅の途中、マントヴァの近くで二人連れの友人と出会う。そして彼らの家で、一九歳のマルコリーナと若き将校ロレンツィに紹介される。カサノヴァはロレンツィがマルコリーナの密かな恋人ではないかと考える。カサノヴァはこの若い女性への欲望とこの若い男への羨望――その美貌や尊大ぶりがカサノヴァ自身の過去を思い起こさせるような――に囚われて苦闘する。

シュニッツラーのおかげで、われわれは男の劣化のどうしようもなくみじめな相貌を発見することができる。カサノヴァは自らの冒険生活と果てしのない彷徨に疲弊している。彼は生まれ故郷の町に受け入れてもらうために、ヴェネツィア警察のスパイになることを承諾する。彼に残されているものは、策謀をめぐらし、人を欺き、たくらみを画策することだけである。そしてそこには憂いを伴ったノスタルジーの感覚が漂っている。

「ヴェネツィアの近くの島に、私が数十年前に最後に足を踏み入れた女子修道院の庭がある。そこは夜になると、ちょうどこんな匂いがした[*11]」

しかし実際にはその匂いはもう消えている。その夜の光は永久に消え去っている。それは悲しみとともに思い起こされるだけである。そしてこの無力な悲しみからルサンチマンが生まれる。

ルサンチマン――それはある感情の痛みを伴った再来であり、かつて存在し今は存在しないものを再び感じることである。老化した神経システムが感じることができない知覚の断片が蘇ることである。

老化、精神分析、意識の消失

ああ、優しい天よ、私を狂わさないでください！
私を落ち着かせてください。私は狂いたくないのです！

（シェークスピア『リア王』）

アルトゥル・シュニッツラーの世界は多くの点でフロイトの内観の世界とオーバーラップしている。しかしシュニッツラーが老化を苦さとシニシズムの深淵として設定しているのに対し、フロイトは決して老化を問題として扱わない。

精神分析は老化についてあまり論じない。

文学は老年のさまざまな様相や死の接近についておおいに語ってきた。シェークスピアやチェーホフから〔イタロ・〕ズヴェーヴォ[*12]に至るまで、ドストエフスキーから〔ジョヴァンニ・〕ヴェルガ[*13]に至るまで、詩人や小説家は、老化に伴う力の喪失、認識の一貫性の喪失を分

＊10　訳注―― Arthur Schnitzler（1863－1931）オーストリアの医師・作家。邦訳に『夢小説・闇への逃走 他一篇』（池内紀訳、岩波文庫、一九九〇年）など。

＊11　アルトゥール・シュニッツラー『カサノヴァの帰還』金井英一・小林俊明訳、ちくま文庫、二〇〇七年、八八頁。

＊12　訳注―― Italo Svevo（1861－1928）イタリアの小説家。訳書に『トリエステの謝肉祭』（堤康徳訳、白水社、二〇〇二年）など。

析し、豊かに描き出す。しかし精神分析は、フロイトが精神分析による治療は老年に達した人々に適用するものではないと書いて以来、このテーマについて慎重で、ほとんど口を閉ざしている。

フロイトによると、高齢者の精神は、精神分析を受けるには無意識の規模が時間的に大きすぎる〔精神分析の時間は限られている〕。記憶の迷路が広大かつ入り組んでいるので、そんな短時間では処理できないということだ。

しかし、これはそれほど説得力のある主張ではないと私には思われる。

高齢者についてのフロイトのこの否定的意見について、別のもっと説得力のある読み方をすることもできる。

たとえばフランスの精神分析家アンリ・ビアンキは、『老化問題 *La question du vieillissement*』という本のなかで、「老化の問題は精神分析の取り扱う範囲を超えたところにある。なぜならそれは生物物理学や熱力学の実情のなかに組み込まれたからである」と書いている。[*14]

ここで問題なのは、老化の問題は精神分析の言説にとって決定的に重要な次元を明らかにするものであるが、精神分析がその発祥以来避けようとしてきた、精神分析にとっての擬似的領域——神経科学——に依拠しているということである。

フロイトは神経科学の領域を根底的に放棄し、その代わりに言語と性（セックス）に焦点をあてることによって新たな領域を切り開いた。精神的苦悩の神経物理学的ルーツを捨て去ることによって、はじめてフロイトは〈無意識〉の概念を創造し、それに基づいた新たな領域を確立したのである。したがって無意識の概念は生理学や神経科学に還元することはできないのであり、それは言語と性が関係する領域に属するものなのである。

フロイトがこの概念的置換を行なってからも、神経科学的問題領域はなくなることはなかった。しかしそれは精神分析的解釈や治療の領域からは取り除かれた。

かくして精神分析家は神経科学的問題の存在や関連を否定しないにしても、この問題領域に関わりをもたないのである。この問題は、精神分析に先立って存在し進化し続けているがフロイトによって脇に追いやられた別の専門分野に属しているということである。フロイトはひとえに、性が言語に及ぼす特殊な作用、言語が性に及ぼす特殊な作用を見ようとしたのである。

老化についての言説はもちろん神経科学を無視することはできない。なぜなら時間は、言語的あるいは心理的なだけでなく身体的でもある痕跡を残すものだからである。脳組織の劣化、知覚的決定力の喪失、肉体の物質的エントロピーなどがセクシュアリティや認識や快楽や欲望などに影響を及ぼすのである。

高齢者の無意識は心理的経験だけでなく神経科学的変形の跡をも記録する。神経科学的変形

＊13 訳注――Giovanni Verga（1840－1922）イタリアの作家。訳書に『マラヴォリヤ家の人びと』（西本晃二訳、みすず書房、一九九〇年）、『尼僧の恋』（古沢紅・鶴田真子美訳、扶桑社ミステリー、一九九四年）など。

＊14 Henri Bianchi, foreword to *La question du vieillissement* (Paris: Dunod, 1989), pp. 3–4.

は認知機能に影響を及ぼし、高齢者の心理的状態に働きかけるのである。『老化――生理か病理か *Senescence: Physiology or Pathology*』という本の「老化と神経科学的病気」という章から、次のような引用をしておこう。

老化のプロセスは分子レベルにおける無症状の変化から始まる。これは変異の蓄積、染色体の末端部分の損耗、ゲノムの不安定化に通じる後天的変質などを含む。こうした欠陥が加齢に伴い「雪だるま式」に急激に増えていく。そしてそれが脳の形態的・機能的劣化をもたらす。そこには、ニューロンの漸進的喪失、過剰な炎症、梗塞や微小出血を伴う血管障害などが含まれる。くわえていうなら、DNAの修復メカニズムの効果の減少が活性酸素や自然的突然変異をもたらし、年齢相応の組織形成に帰着する。[*15]

高齢者の精神には、精神分析家が見ることも説明することもできない何かが起きる。それは精神分析の限界を超えた神経物理学的な事柄だからである。

してみると、われわれは年老いた哀れな老人を人工装具・人工臓器産業、神経テクノロジー、トランスヒューマニズム的なナノ工学などの、老人蔑視の身体還元主義の手に任せなくてはならないのだろうか。

老齢を〝修復〟(ジョナサン・フランゼン[*16]は「矯正」と呼んでいる)という観点から取り上げると、われわれは年を取ることの最も重要な意味を把握することができなくなるだろう。

老齢は神経科学者や精神分析家では十分に捉えきれない、いわくいいがたく興味深いものを有している。しかし哲学者はこのいわくいいがたいものを理解することができる。

精神分析と神経科学の関係はわれわれの時代のきわめて重要なテーマである。そこには次のような問いが関わっている。〝精神分析は神経科学の発達の後まで残ることができるだろうか〟、あるいは〝神経科学は精神分析の試みに決定的に取って代わることができるだろうか〟、といった問いである。

私が思うに、精神分析は死滅しない。しかし精神分析が延命し進化するためには、その対象範囲を広げなくてはならない。

神経科学が物理的脳の決定プロセスに焦点をあてるのに対して、精神分析はいかなる決定経路にも収まらない精神の活動に焦点をあてる。

しかしながら、それよりもっと広い研究分野が存在する。それは哲学的分野であり、精神と時間、構造と機械、存在と生成といったものを同時に包含する研究分野である。

老齢問題は精神分析や医学を超える問題である。なぜなら老化の本質的意味は病気の問題でもなければ健康や幸福の回復の問題でもないからである。老化の本質的意味は〈実存〉の問題

＊15 Marta Kowalska et al., abstract to 'Aging and Neurological Diseases', in *Senescence: Physiology or Pathology*, eds. Jolanta Dorszewska and Wojciech Kozubski (London: IntechOpen, 2017), p. 63.

＊16 訳注——本書第1部第Ⅵ章注1参照。

であり、もっと正確に言うなら〈生成変化〉の問題だからである。

老化を〝あれやこれやの欠如や衰退〟という他律的な定義を逆手にとって考えると、老化の哲学的意味はラディカルな〝生成変化〟であり、すなわち〝無になること〟であることが理解できるようになる。

ここで私は〝死を友として認める〟という楽天的展望に入る。私は死を個人の自由行為と見なす。すなわち、死は生の経験を完成させ、無の意識を出現させる行為であるということだ。しかし死はまた、消尽の時代における人類全体の治療のメタファーでもある。

西洋文化は死への参照を極度に警戒してきた。そのため死へのすべての参照は日々の話題や政治的言説空間から排除されてきた。しかしこの否認はパンデミックによって容赦なく問われることになった。公共空間への死の闖入によって、政治的文脈や社会的未来への想像力が問いに付されることになったのである。

そのうえ、西洋における人口動態の動向——住民の高齢化（医学の進歩と出生率の低下が結びついたことによる）——が、近代に流布した若者重視の崩壊を引き起こしている。

二一世紀の文化的変化は、単に経済的・テクノロジー的変化の結果ではなく、人間の脳の神経物理学的衰退の結果でもある。

精神医学の言説への神経物理学の闖入は容赦なく起きた。それはアルツハイマー病のドラマが広く目にされるようになって以来、当然のごとく起きた。もちろん高齢者の錯乱は新しい現象ではない。しかしそれは、過去においては、社会生活のなかのマージナルな現象であった。

高齢者の数は少なくマージナル化されていたので、錯乱は気づかれにくく、ときには神の霊感の表現とすら見なされた。しかし近年、平均寿命が延びたことと、高齢者人口の増大によって、新たな社会風景が姿を現しつつある。すなわち、自分で自分の面倒をみることができない高齢者の数が増え、大きな社会問題にまでなっているのである。

モルダヴィア〔モルドヴァ〕やウクライナから来る介護士たちがヨーロッパの町にあふれている。ヨーロッパでは息子や娘たちが五〇歳代や六〇歳代になると、年老いた両親の介護に直面せざるをえなくなる。錯乱が生じ、うつ状態、経済問題、不安、罪の意識などを引き起こす。死を自由選択の対象として捉えないと、意識の漸進的喪失に直面しながらも、まだ選択をするだけ十分に意識を有する人々に対して、選択を提供することが不可能になる。

自殺の汚名は宗教的起源を有している（すなわち、神がわれわれやわれわれの近親者の生の所有者であり、したがって生に関しては神の決定を待たねばならない、という考えである）。しかし自殺は資本主義的な経済的認識体系によっても汚名の烙印を押されてきた。生は私的所有物であり、私的所有物を壊してはならない、というわけだ。そうなると、自殺はまた、左翼からも汚名をいただくことになる。つまりわれわれは社会的連帯から身を引くことはできないのであり、最後まで闘わなくてはならない、というわけだ。

われわれが死に直面したとき、種々雑多のナンセンスが、自律的な選択を思考することを妨げる。

自殺（殺人者として自分自身を殺すこと）という言葉は、あらゆる種類の偏狭な精神（宗教的偏狭、経済的偏狭、社会主義的偏狭などなど）が人間の主体的消失という選択を〔否定的なものとして〕指し示すために使用する呼称である。この命名の誤りによって、人々は自殺に苦痛や屈辱を感じ、さらには自己の退廃を感じさせられるのである。

〝自殺〟は適切な言葉ではない。それは人間の自由意志による消失であり、宇宙的生成変化への同調（チューニング）なのである。

第Ⅲ章

死と友達になること

Making Friends with Death

きみは無になりたくはないかい？
この世界から消え去りたくはないかい？
そう思わないかぎり、きみはけっして変わることができないだろう。
（D・H・ロレンス『不死鳥』[*1]）

私はロレンスからのこの引用を次のように読み替えてみたい。

きみは無になりたくはないかい？
この世界から消え去りたくはないかい？
そう思わないかぎり、きみはこの世界をけっして理解することはできないだろう。

死は西洋の精神にとってタブーであった。

しかしフィリップ・アリエスが一九七四年の著書『死を前にした人間』[*2]のなかで言うように、つねにそうであったわけではない。

アリエスは、近代においては死が性(セックス)に取って代わって主要なタブーになったと主張する。死が公衆の目から隠され、死にゆく場所が家から病院になり、死の経験がコミュニティから引き離され、感情が身体の医学的管理に置き換えられるようになったからである。

アリエスはさらに、死に対する社会的認知も微妙に変化したと言う。すなわち、死を語ることは恥ずべきこととして、ほとんど口にされなくなったが、それは西洋の禁欲的(ピューリタン)文化を特徴づける感情の抑止によるのであり、また「人々が、生はつねに楽しいものと見なされるべきであると思い始めた」からでもある。[*3]

死に際して悲しみや気持ちの乱れを表明することは、無作法、精神不安定、病的状態の現れであるというわけだ。

アリエスは、こうした死の経験の否定と死の社会的マージナル化のプロセスは一九世紀のアメリカで始まったと指摘しているが、その理由は私見によると以下のようなものである。

資本主義文化は一般にそうなのだが、とくにアメリカ文化は勝つか負けるかの二者択一に基づいていて、これが強迫観念になっている。勝利はエネルギー、活力、利益であり、敗北は死を意味する。敗北は社会的競争ゲームにおいて負けることであるが、なによりも死ぬことである。〝エネルギー信仰〟は、ブルジョワジーの覇権確立と近代経済の創設にとって根源的なものであった。若々しいエネルギーと攻撃性は単に個人的性格の発露形態であるだけでなく、アメリカ文化の基本的価値であった。そこでは〝敗者〟という言葉は最大の侮辱と見なされた。そして死は最終的・究極的な屈辱であった。〝屈辱〟という言葉の語源は「土に戻される」ということである。[*4] 屈辱はわれわれと自然的ならびに社会的な外的世界の圧倒的な力との関係の核心部に位置している。

コロナウイルス・パンデミックがアメリカで猛威をふるい始めたとき、トランプ大統領の政治的対応と多くの人々の行動のおかげで、これに対する否認が拡散した。弱さの否認、不能の否認、ウイルスそのものの否認が顕在化したが、それは勝利しなくてはならないという強迫観念の結果であり、ウイルスのもたらすカオスが公共領域に侵入したら人間の意志は不能になるという考えを拒否した結果であると見なさなくてはならない。

その結果、アメリカの社会的光景において、死が再び可視的なものになった。もちろんこれは世界中で起きたことではある。そしてこのときから、集合的無意識のなかで死が演じる役割を再考することが緊急課題となった。

＊1 訳注——D・H・ロレンス『不死鳥（フェニックス）』上下、吉村宏一ほか訳、山口書店、一九八四・八六年。
＊2 訳注——フィリップ・アリエス『死を前にした人間』成瀬駒男訳、みすず書房、一九九〇年。
＊3 フィリップ・アリエス『死と歴史——西欧中世から現代へ』伊藤晃・成瀬駒男訳、みすず書房、新装版二〇二二年。
＊4 訳注——「屈辱」の原語 humiliation の語源は「土」を意味するラテン語 humus である。

ひとつの問題が必然的に姿を現す。すなわち、われわれは絶滅に抗して闘うべきか、それとも絶滅を想定してわれわれのライフスタイルや精神的態度を組み立て直すべきか、という問題である。

防止不可能な死に対して心静かに立ち向かうことが、おそらくパンデミックを生き延びるための前提条件であろうが、それはまた地球規模の絶滅の影と親しむための前提条件でもあろう。つまり死を友人として考えるいい機会が訪れたのである。

友人としての死という考えはキリスト教精神のなかに出現した。アッシジの聖フランチェスコは『被造物の賛歌』のなかで、死を〝シスター〟と呼んでいる。[*5] しかしこの宗教的感情のなかでは、世俗の身体の崩壊が世俗の生を超えた新たな生の条件となっている。私は世俗の生を超えた生を信じない。私は、われわれを構成している物質的材料は、物理的微粒子の絶えることのない再結合によって永遠に続くと考えている。しかしわれわれはその微粒子ではない。われわれは、この微粒子の暫定的かつ不安定な構成から出現する意識なのである。

無はどこにも存在しない。無はわれわれの意識のなかにだけ存在する。それはわれわれの意識の宿命であり、われわれの意識はわれわれの物質的身体の分解とともに消える。

エピクロス〔古代ギリシャの哲学者〕はラディカルな唯物論的精神で死を見つめ、次のように言った。「死はわれわれにとって実在しないものである。なぜなら〔死とは、生きものが構成要素のアトムへと解体されることであるが、〕分解されたものには感覚がなく、感覚がないものはわれわれにとって実在しないものだからである」。[*6]

近代は生の持続を延長しようとして、非実在への想像力を徐々に消し去り、日常意識からの死の除去を促進した。この死の除去がまさに、限界を否定し、この否定からエネルギーを引き出すシステム文化の条件なのである。このシステムが資本主義と呼ばれるものであり、死を制覇し〝価値〟という人間活動が生み出す抽象的産物の不滅性をつくりだすための最もすぐれた(といっても本当にはすぐれていないのだが)くわだてなのである。

したがって近代は死の拒絶を奥深く内在化してきた。死はスキャンダラスである。なぜなら死は文化への自然の闖入であり、言語と政治的秩序が否定し資本主義が除去しようとしてきたネガティヴな自然性の復活だからである。

この除去と否定の影響が後期近代になってゆっくりと現れてきた。そして今、われわれはそれを目の当たりにしているのである。狂気、テロル、環境破壊、そしてお金、テクノロジー、抽象概念といったもののなかに埋め込まれた永遠を求める錯乱。

＊5 訳注――アッシジの聖フランチェスコは、カトリックのフランシスコ会の創設者。『被造物の賛歌 *Cantico delle Creature*』は別名『太陽の賛歌』という。

＊5 ディオゲネス・ラエルティオス『ギリシャ哲学者列伝』下、加来彰俊訳、岩波文庫、一九九四年、三一二頁。

ジェイムズ・ヒルマンは、死を単なる医学的観点からだけでなく重要な問題として主題化した数少ない精神分析家のひとりである。[*7] 彼は著書『自殺と魂』(一九六四年)のなかで次のように書いている。「積極的に生きようとすることは生を引き延ばすことに帰着する。〔…〕しかし生は死を犠牲にしてしか引き延ばすことはできない」[*8]。「死を犠牲にして」ということは、なんとしてでも生を引き延ばそうとする医学的努力は死を貧しくさせ、死の価値を引き下げ、死を敗北に還元することを意味する。

死は敗北ではない。死は意識の成熟、現実に対する意識の勝利と見なすべきものである。意識は無のなかに溶解することによって、最終的に現実を溶解させる。

ヒルマンが言うには、精神分析家の仕事は死を存在のなかに意識的に組み込むことである。なぜなら無意識のなかには、〔生と死という〕二つの次元の対立は存在しないからである。

精神分析は単なる精神療法に還元されてはならない。精神分析は精神療法とは違ったものである。精神分析は永遠という錯覚概念を追い払うものである。精神分析は無〔非実在=死=無意識〕を、意識を有する存在の完成として理解するものである。

ヒルマンは『キャラクターの力、そして永続する生 *The Force of Character: And the Lasting Life*』のなかで、以前の立場よりは穏健でもっと実践的なスタンスを取っている。ヒルマンは、老齢になることは人のキャラクターの出現を促し、最終的には人を上部構造から解放すると主張しているが、私はこのテーゼに完全には納得しない。

ヒルマンはこの本の第一章のなかで"character"という言葉の意味を次のように説明している。

人間の身体は靴下のようなもので、細胞を閉じ込め、液体の流れを変え、新たなバクテリアの培養土を発酵させて、別のものが通ったようにする。われわれの物質的素材は時が経つとすっかり違うものになるが、われわれ自身は同じものにとどまっている。皮膚の一片たりとも同じままではないし、骨の一片たりとも同じままではない。それでも、われわれ自身は違うものになっているわけではない。われわれの基本的なパラダイムを忘れず、われわれをわれわれにとって真実であるキャラクターのなかにとどめておく、なにか先天的なイメージがあるように思われる。DNAという概念は、われわれのこの唯一無二のイメージの心的次元を把握するには窮屈にすぎる。[*9]

＊7 訳注――James Hillman（1926－2011）アメリカの心理学者、精神分析家。邦訳に『内的世界への探求』（樋口和彦・武田憲道訳、創元社、一九九〇年）、『元型的心理学』（河合俊雄訳、青土社、一九九三年）など。

＊8 ジェームズ・ヒルマン『自殺と魂』樋口和彦・武田憲道訳、創元社、一九八二年、三二頁。

＊9 ジェイムズ・ヒルマン『老いることでわかる性格の力』鏡リュウジ訳、河出書房新社、二〇〇〇年、三七頁。

さまざまな心理学の学派が、キャラクターにさまざまな異なった言葉をあてている。パーソナリティ personality、エゴ ego、セルフ self、行動組織化 behavioural organisation、統合構造 integrative structure、アイデンティティ identity、気質 temperament 等々である。こうした置き換えの言葉は、個人性の特質である同化作用の様式を特徴付ける（キャラクタライズ）ことに失敗している。エゴ、セルフ、アイデンティティといった言葉は、粗削りな抽象概念であり、それらが人間に住み着き支配していると仮定しているが、実際には人間存在について何も伝えていない。これらの言葉は、せいぜいのところ、人間ひとりひとりのかけがえのない違いを無視した、人々の最大公約数的同一性に関わるだけである。

それに対して、〝キャラクター〟という言葉は、一人の人間のあらゆる身体的特徴が変わっても存続するものである。身体の物質的構成要素（器官、組織、細胞）は時間とともに変化するが、〝形状 form〟は変わらない。われわれの存在の持続的状態を生成する原理としての〝形状〟は、たとえば私のからだのすべてが変化しても私の唯一性と持続性を保証する精神的DNAとして定義することができる。これがヒルマンの興味深い見解である。

しかし私はこれとは違った見方をしている。ヒルマンが〝キャラクター〟と命名している、いまひとつ捕らえどころのないものは、一人の人間の存在としての一貫性と持続性を規定するものではないと私には思われる。むしろ他者の目に映った存在がそれを規定するのである。私の人間存在としての持続性は私の身体や私のキャラクターの中にあるのではない。その持続性は私の身体の変化や私の言語的相互作用の変化について他人が持つ知覚や認識の中にあるのだ。

他者の空間との関係は私の視界のなかにあり、それが永続的に変化するセルフ〔自分自身〕を規定する。われわれの存在の持続性、実存的流れの持続性は、自分自身を他者として見ることによって成り立つ。私が私の変化を見つめ、私の行動を意識的に考察しているかぎり、私は私に対して他者である。私は私の身体と精神に起きることによって苦悩するのである。

われわれの身体はわれわれにとって見知らぬ存在である。身体そのものはセルフの意識と無関係である。この二つのセルフの間に複雑なダイナミズムが存在する。それが自己認識である。経験の連続はアイデンティティに対立する。経験の連続は私の身体の生成変化であり、私の他者との関係の生成変化である。私は他者の視線の生成変化のなかに、そしてなによりも他者としての私の視線のなかに、私の存在の持続性を知覚する。なぜなら身体は私にとって見知らぬものであり、身体にとって私は他者だからである。私の知覚的意識にとって「私」という一人称は他者である。[*10] 実際、私が私の身体として知覚するものは、私の身体そのものを規定しているものを持続的に捉えそこなった姿である。自己認識というのは私の生成変化についての無意識的想像の産物であり、私のセルフの分解と最終的溶解についての無意識的想像の産物なのである。

身体に対するセルフのこの外在性——身体を外部から見ること——は、いわゆる（非）アイ

＊10　訳注——この表現は、「われは他者なり Je est un autre」という一九世紀フランスの天才詩人アルチュール・ランボーの言葉を援用している。

デンティティの絶えざる変化を特徴付けるものである。快楽と困惑、身体的自己認識の不十分さと数え切れないくらいの微妙な差異は、最初から最後まで人間存在につきまとっている。しかし老化は、変化しつつ変化に抗しながら、ついには私を裏切るこの身体的自己の非親和性、この悩ましい外観、この不調和といったものを際立たせる。

年を取ることは本質的に自己認識の持続的劣化を意味する。自己認識とは自己の根源的他者性の認識であり、アイデンティティが不断に消失していく経験の認識、非同一的セルフ〔自己の非同一性〕の認識である。

年を取っていくと、この自己の非同一性の意識が高まっていく。他者としての私の身体がどんどん鈍感になって、先の見通しについて私が抱いている展望にだんだん順応しなくなっていく。刺激に対して自動的に応答することができなくなっていく。年を取ることが身体的自己に最も顕著に反映されるのは、そのためである。

無意識を構成している質料はわれわれに属しているものではない。したがってわれわれは無意識の心的原料のダイナミズムを支配することはできない。身体性もまた異邦の地であり、若い身体はしだいに光輝を失っていく。そして身体はやがて重たく無力となり痛みをもたらすようになる。

しかしフロイトが無意識の構築のために発明した捕らえどころのない一種神秘的なルールをここに適用することはできない。おそらく身体は身体自身の記号論を有している。医者は身体的徴候の解釈者であるが、精神分析的解釈は、身体の組織、細胞、脳といったものの漸進的劣化の解釈ではなく、言語の発する徴候の解釈である。

　年を取ると、神経物理学的な感覚による決定が失われていく。知覚的情報を処理する細胞組織、他者との接触を和らげる粘膜といったものが、柔軟、正確、洗練といった性質を失っていく。この喪失が他者との関係の変質、知覚と言語の関係の変質を引き起こす。

　生物が成長し細胞組織が硬化すると、個体は無用な行いをしだいに減少させていく。延命に直接結びつかない神経の働きも減少していく。動作が軽やかさを失い、緩慢でぎこちなくなるのはそのためである。儀礼に則ったエレガントなダンス〔的確な行動〕はできなくなるが、最小限の努力でのゴールへの合理的追求はできるようになる。

　私は年を取ってから、自分の部屋でからだを無駄に動かさないで移動するようになった。この無駄の除去は痛みを伴う経験を少なくする。儀礼について考えてみよう。他者との関係の儀礼的な構築について考えてみよう。儀礼はわずかな非言語的サイン――ときには意図せざるあるいは無意識的な――を解釈する能力、いわば感受性に関わる。さらにいうなら、儀礼は心理的（そして物理的）なエネルギーの投入、手や視線の動き、発話の仕方など、直接役に立つ機能を有しているわけではないすべてのことに関わる。

　このために、高齢者は愚痴っぽく、機嫌が悪く、意地悪であったりするのだ。なぜなら高齢者は、立ち居振る舞いや発話、身体的動きなどについて美的な配慮をするために残り少ないエネルギーを費やす余裕がないからである。ダンスも、お辞儀も、言い寄りもできなくなる。老境にさしかかった身体の動きはまっすぐ本質に向かう。延命と効果だけに向かうのだ。

第IV章

快楽と欲望

Pleasure and Desire

欲望と争うのは難しい。なぜなら欲望はおのれが必要とするものをわれわれの魂から奪うからである。（ヘラクレイトス）

エロスがロゴスから分離し、ロゴスに対立するようになってから、そして歴史的合理性が、エロス的欲望と無関係の分離された空間と見なされるようになってから、歴史は経済原理によって支配されるようになった。経済原理は身体を快楽〔喜び〕のパートナーとするのではなく、資本蓄積の道具に還元する。

われわれは、この分離の理由、そしてそれがもたらした身体の価値減少を徹底的に分析しなくてはならない。エロスとロゴスの対立は、エロスとアガペの区別、エロス的愛と倫理的愛の区別に起因する。そのため愛の歴史的実行は不可能となり、平等性はユートピア空間に監禁されることになった。しかし〝愛〟という言葉でわれわれは何を意味しているのだろうか。この言葉は本来イエス・キリストのメッセージと結びついていたが、ロマン主義時代に社会的力を獲得し、さらに後期近代になって、残り少なくなった人間的尊厳が商品にまで劣化した時期に、最終的にほとんど広告用のガジェットになり果てた。

われわれは現在、愛をエロスあるいはアガペとして理解することができるだろうか。欲望あるいは友愛として理解できるだろうか。

いまや過剰負荷によってほとんど何も意味しなくなった〝愛〟という言葉は放棄して、その代わりに哲学と精神分析の伝統が区別し対置した二つのもっと明確な概念に焦点をあてよう。すなわち欲望と快楽という概念である。

欲望が創造力を持った緊張であるのに対し、快楽は緊張からの解放であり、身体と環境の調和であることをわれわれは知っている。〝創造的緊張〟は、欲望の対象物は欲望に先立つのではなく欲望自体の投射物であることを意味する。欲望の対象となった人は当然にもその人固有の別個の生を有しているのだが、欲望する人は欲望される人をその人の個別性において欲望するのではない。そうではなくて、欲望する人は自らの想像力でつくりだした欲望される人との関係状況を欲望するのである。

プラトンの『饗宴』のなかで、アリストファネスは、エロティシズムは人間の始源的統一性を再構成しようとする希求であると述べている。人間の冒険の始まりには、二つの顔、四つの腕、四つの脚、そして二つの性を有する生物がいた。ゼウスはその生物の十全たる力を恐れて、その生物を半分に切った。このおぞましい行為から、われわれが知っている人間という種が誕生した。それゆえ、愛はわれわれが昔有していた完全性へのノスタルジーであり、欲望は失われた半分と合体しようとする緊張なのである。他方、快楽は、この始源的な生き物の一時的再構成にほかならない。

アリストファネスに続いてアガトーンが話し始める。彼は市民劇場で詩を朗読する美しい青年詩人である。アガトーンは、エロスとエロスの作用との区別から話を始める。彼が言うには、エロスは美の具現であるが、その作用は人間に痛みをもたらす。なぜなら、そこにはなによりも欲望が欠けていて、緊張が満たされることは決してないからである。

次はソクラテスの番である。彼はディオティマが彼に教えたことを引き合いに出す。すなわち、愛は、最初はエロス的身体との出会いから始まり、次いで高貴な魂、そして最後に至高の価値としての美といった具合に、漸進的に上昇していく欲望である。ソクラテスが言うには、ディオティマが彼に教えた愛――これは初期ルネサンス詩人とともにキリスト教世界に戻ってくることになる考えでもある――は、人間を成熟と叡智に導く道である。

ここでアルキビアデスがやってくる。彼は少し酔っ払っていて意気盛んである。彼は、自分が美しく、アテネのすべての若い女性から欲望の対象となっているにもかかわらず、ソクラテスが彼に言い寄ることを拒んだことを非難する。アルキビアデスの言葉には、知識は直接接触から得られるという考えが姿を現している。これはプラトンの別の対話編『テアゲス』に見られるプラトン的あるいは擬似プラトン的テーマでもある。プラトンのものとされる（疑わしくもあるが）この対話のなかで、元教え子がソクラテスに次のように言う。彼の横にいて彼に触れ彼から触られる者は知恵が増す。それは肉体的接続が二人の精神に豊かさをもたらすからである。

「ソクラテスよ、私はあなたに言いたい」と彼は言った。「私の魂にとってそれは信じられないことですが、本当なのです。なぜなら、あなたもご存じのように、私はあなたから何ひとつ教えてもらってはいませんでした。しかし私はあなたと一緒にいただけで進歩したのです。同じ部屋にいなくても同じ屋根の下にいただけで進歩したのです。同じ部屋にいたときにはもっと進歩しました。そして同じ部屋にいて、あなたが話しているときにあなたを見つめていたときには、あなたから目を逸らしたときよりもっと進歩したように思われたのです。しかし私があなたの横に行って、あなたのからだに触れたときには、私の進歩は、それよりもはるかに大きなものになったのです[*1]」。

これは、身体のあいだの感覚的交換が、知とりわけ倫理的な知の獲得の条件であることを示唆している。法やルールや道徳的価値とは無関係の知である。そうではなくて、この知は、他者の快楽とその快楽に対するわれわれの感受性の知である。

＊1　プラトン「テアゲス」北嶋美雪訳、『プラトン全集7』岩波書店、二〇〇五年、三二一頁（130D, E）。

しかしながら、残念なことに、われわれのポストモダンの時代にあっては、倫理は糞便の大洋のなかに溺れ死んでしまった。われわれの他者との関係は他者との競争に矮小化され、他者は身体性を失ってしまったのだ。

欲望と快楽のきずなは倫理的知をつくりだし儀礼を作動させるエネルギーである。それは言語と愛撫に基づいたゲームである。

私がその啓発性に心引かれた『快楽の欠如について *Sul piacere che manca*』という二〇一九年に刊行された本のなかで、著者のパオロ・ゴダニ[*2]は、ジル・ドゥルーズがミシェル・フーコーとの関係について述べている手紙を引用している。

「私が最後にミシェルに会ったとき、彼は静かに心からの愛情をもって、次のようなことを私に言った。〝私は欲望という言葉に耐えられない。〔…〕おそらくあなたが欲望と呼ぶものは私が快楽と呼ぶものなのでしょう。いずれにしろ私には別の言葉が必要なのです[*3]〟」

ここで私は自伝的迂回をしてみたい。それは自己批判でもある。私は一九七六年にドゥルーズ／ガタリの思想に共鳴した。それは私が監獄にいたときで、ひとりの友人が彼らの最初の共同著作『アンチ・オイディプス』のコピーを差し入れてくれたのだった。しかしそのとき、私は最初から快楽と欲望の違いを無視した。今はこれが重大な欠落であったことに気がついている。

おそらく私は喜び〔快楽(プレジャー)〕に満たされた生活を生きていたために（監獄生活だけは除いて）、喜びについて考えなかったのだろう。だから私の哲学的基軸は欲望の概念だったのである。

しかし今、これを修正しなくてはならない。つまり老齢になって、欲望が私を苦しめる一方、快楽を得るのが難しくなり、かつては無関係に思われたこの二つの概念の違いがついに理解できるようになったからである。欲望は、現実には存在しないが動きのなかでわれわれがつくりだす対象に向かって、われわれを押しやる緊張である。欲望がめざすのは必要性の充足とか欠如の改善などではまったくなくて、他者を魅力的なものや神話として創造することである。

欲望は想像力の王国の王である。そうであるがゆえに、社会的空間に広がる諸力は欲望の領土で生まれ組織化されるのである。これが『アンチ・オイディプス』が発したメッセージである。この本は私自身の思想だけでなく、一九七〇年代末の自律的反乱の世代全体に決定的な影響を及ぼした。それは社会運動が経済的還元から脱却し、社会的主体化の全過程のなかに無意識的領域を組み入れた時期だった。

感性的存在と意識的存在との関係のなかで、欲望が最も強力な牽引力であり——私が先に引用したヘラクレイトスの言葉に見られるように欲望は抗いがたい——、最も根源的なきずなを打ち立てるものであるとするなら、最終的に歴史に対して幸福と平和が可能になる人間的次元を与える唯一の道は、エロスとアガペの協調であり、欲望と友愛の協調でなくてはならない。

＊2 訳注——Paolo Godani　イタリアの作家。二〇〇九年には *Deleuze*（Carocci）という著作も刊行している。

＊3 Deleuze letter, in Paolo Godani, *Sul piacere che manca: Etica del desiderio e spirito del capitalismo* (Rome: DeriveApprodi, 2019), p. 74.〔なお、この一節は、ジル・ドゥルーズ「欲望と快楽」小沢秋広訳、『狂人の二つの体制1975-1982』河出書房新社、二〇〇四年、一八〇頁に見られる〕

キリスト教信仰において自己犠牲的様相を有している愛のメッセージは、欲望の概念ならびに欲望に基づいた反権威主義的運動のなかに唯物論的基盤を見いだしたように思われる。

〝欲望する自律運動 autonomia desiderante〟のスローガンのひとつは、「幸福は集合的になると革命的になる」というものである。これは、喜びは純粋に個人的なものであるが、それが社会的環境に拡散すると政治的力を持つ、ということを意味する。そしてまた、われわれが苦しみやうつ状態の流れに巻き込まれているなら、われわれは幸福になることはできない、ということを含意する。しかし、われわれがドゥルーズ／ガタリの著作を読んで、とくに欲望に力点を置くと、われわれの集合的エネルギーが神経衰弱を起こすような気がする。この神経衰弱は、ジャン・ボードリヤールがドゥルーズ／ガタリの思想に対して繰り返し批判を差し向けた（明示的にではないが無作法にでもなく）ときのテーマでもある。

そして快楽が私に欠けている現在（ゴダニの『快楽の欠如について』を読む快楽は別にして）欲望は快楽との共生がなければ、喜びも終わりもない競争の非情な原動力に転化するしかない、と私は考えている。これがボードリヤールが常々言っていた資本主義の心理的原動力なのである。

欲望は想像力に属し、快楽は現実に属する。

資本主義、とくに記号資本主義の獰猛かつ絶えず加速するネットワークは、欲望の恒常的動員と快楽の際限なき禁止を行う。蓄積の経済はわれわれを欲望へと押しやるが、快楽〔喜び〕を禁止し、なによりも喜び〔快楽〕の時間を取り消す。なぜならわれわれの全時間が競争や資本蓄積に、そして潜在的かつ無際限に欲望することに費やされるからである。

そしてこのことは、フロイトが独自の仕方で問題化した、欲望と死との関係というテーマを改めてクローズアップする。

ゴダニは次のように言う。「死の衝動を改めて導入したくないなら、われわれはこの死という根源的な衝動に起因するのではなく、欲望のダイナミズムに起因する決定的に重要な影響が存在することを認めなくてはならない。〔…〕存在するのは死への欲望ではなくて、欲望そのものの決定的影響である、ということだ[*4]」。

資本主義は根源的な死の衝動を通してではなく、競争経済の心理的ダイナミズムを通して決定的結果を生み出す。欲望が緊張、投射、衝動であるなら、快楽〔喜び〕は個的感覚の流れとコスモス〔宇宙〕のリズムとのハーモニーであり、この二つの異なった身体の震動の融合である。

ゴダニはこれを次のように言い換えている。「快楽〔喜び〕の中身はつねに〝十全たる恵み **gratiae plena**〟である。宇宙的な恵みの条件は突然到来するのではなく、そこにはある出現様式が存在する[*5]」。

恵みは存在の重さの一時停止であるが、存在の喜び〔快楽〕の可能性を含有しない欲望に恵みは訪れない。そうした欲望は魂を苦しめ、苦痛をもたらすだけである。

＊4　Paolo Godani, *Sul piacere che manca: Etica del desiderio e spirito del capitalism* (Rome: DeriveApprodi, 2019), p. 36.

＊5　Ibid.

第V章

疲弊と枯渇

Exhaustion

「未来」の文化的構築

加速サイクルの果てに絶滅が見えてくる。

パンデミックの先でわれわれは疲弊と枯渇の時期に入る。われわれの身体的エネルギーがウイルスによって抜き取られるだけでなく、神経エネルギーも弱化し、社会的動員のリズムも断ち切られる。経済的レベルでは需要が低下していく。それは消費者の在宅時間が長くなるだけでなく、消費熱が低下するためでもある。消費の集合的過熱が低下するが、それは単なる経済的デフレにとどまらず、永続的な経済的沈滞の原因となる。景気後退は心理的縮小の結果であり、欲望が広い範囲で後退する結果でもある。

この後退は〈未来〉の概念の再形状化をもたらす。第一にわれわれは、近代の文化と想像力のなかで形づくられた経済成長、経済発展、そしてその加速化という未来展望から、〝未来〟の概念（ならびに〝未来〟へ向かっての精神的緊張）を解き放たねばならない。

この未来が縮小しているという知覚と意識の広がりはロックダウンによって引き起こされた突然の活動停止の影響であるが、この縮小はすでに進行中であったことをわれわれは忘れてはならない。少なくともパンデミックが起きる二〇年ほど前から、非経済的な原因（環境問題、精神的苦痛など）から拡大が終わっていたことは、派手に立ち回る経済学者は例外として、地球上でものごとをまともに考える人にとっては明らかであった。

地球の物理学的限界や脳の神経科学的限界が見えてきたら、その時点で経済発展は不可能なのである。この限界に達したら、コミュニケーションや生活のリズムの加速化は社会的精神に破壊的影響を及ぼす。神経システムが永続的な過剰刺激（ハイパー）によって攪乱されるからである。四〇年近く続いた新自由主義のサイクルは本質的に、精神の生産力の加速化（神経的搾取）ならびに身体の生産力の価値切り下げ（低賃金、不安定化）によって経済的沈滞を先送りし、心理的縮小を先延ばしにするくわだてであった。

地球の物質的資源ならびに脳の神経的資源の過活動は、利潤率の傾向的低下に対する新自由主義の反作用であった。しかしそれはすぐに物質的・神経的疲弊をもたらした。

ウイルスは、世界を支配する権力にこのことを渋々でも認めざるをえなくさせた。拡大拡張の時代は終わったということである。もちろん彼らはこれを〝公然〟とは認めようとしない。しかし彼らは、資本主義は死んだ、という真実を目の当たりにして無力になりパニックに陥っている。

今われわれの果たすべき文化的任務は、経済発展という概念図式から脱却した未来について考えることである。経済発展の加速化という見込みから未来を切り離すことは、資本主義の枠組みから自由になることを意味する。しかし生産を蓄積から分離し、使用価値を交換価値から分離し、快楽を消費から分離することは、今のところ想定不可能である。

資本主義の枠組みからの脱却は社会的連帯のエネルギーの再活性化を含意するが、これは四〇年にわたる新自由主義の改革と社会的連結ネットワークの変異のあとでは、実現不可能なように思われる。

新自由主義の勝利以降われわれは、資本主義に取って代わるものはない、資本主義は人間の歴史の乗り越え不可能な経済的・文化的境界をなすものである、と教えられてきた。もしもこの新自由主義の想定が真理であるなら、われわれはいまや、われわれの子どもたちの未来には疲弊と枯渇しかない、という考えに身をまかせるしかない。

しかしながら新自由主義の想定は真実ではなく、オルタナティヴは存在すると私は考える。そのためにはまず、経済成長という強迫観念から身を解き放たねばならない。そして労働時間を短縮し、そのぶん浮いた時間を教育、研究、癒し、自己と他者への配慮といった活動にあてるとともに、資源の再配分をしなくてはならない。

有用性（価値の蓄積ではなく）を社会的生産のための基準として確立することが、市場を偶像視し利潤の強迫観念に取り憑かれることへのオルタナティヴになる。このオルタナティヴは質素や友愛への精神文化の転換に基づくものである。パンデミック後の世界で、質素や友愛が優位に立つかどうかはなんとも言えない。今のところそれを確言することができない。多くのことが社会的〈無意識〉の再調整次第であるだろう。多くのことが蓄積本能から身を引くことができるかどうかという文化的能力にかかっている。蓄積本能は本当のところは本能ではなくて、文化的につくられたものである。したがって多くのことが未来の視界を組み立て直す文化的能力にかかっている、ということだ。

　近代文化とくに近代の美学は、未来と経済発展を同一視して、これを奥深く内在化した。未来派の運動は、イタリアとロシアというヨーロッパ大陸のなかで最も後進的な二つの国で突発的に現れた。それは経済発展を加速化し自然を従属させることを、望むべき〈未来〉のしるしとする先駆け的なものだった。

　とくにイタリアの未来派はこうした美学の攻勢的姿勢が何をもたらすかを強く意識していた。フィリッポ・トンマーゾ・マリネッティと彼の仲間は、一九〇九年に刊行された『未来派宣言』のなかで、加速化は力のしるしであることを宣言している。ポール・ヴィリリオ[*1]は、速度の力をモチーフにした民主主義研究を行なっているが、彼がそのなかで説明したように、軍事

*1　訳注――Paul Virilio（1932-2018）フランスの思想家、都市計画家。訳書に『速度と政治』（市田良彦訳、平凡社ライブラリー、二〇〇一年）、『民衆防衛とエコロジー闘争』（河村一郎・澤里岳史訳、月曜社、二〇〇七年）など。

力と経済力は機械の速度に依拠している。

加速と不能

この二一世紀という新世紀にわれわれは、経済発展と力に基づく男性的な若々しい感覚の世界から遠ざかり、ウイルスがわれわれの無能をかつてないほど明白な仕方で暴露した。

この数十年デジタル・テクノロジーが世界に課した過剰(ハイパー)な加速化は、身体的・心理的・精神的な疲弊を引き起こした。同時に、地球の〈北半球〉の人口構成は急速な老化の過程に入った。デジタル機械が強力で迅速であればあるほど、人間が合理的に解釈する力や、環境を政治的に統治する力は低下し、無力感を覚えるようになる。

ギュンター・アンダースは『時代遅れの人間』のなかで[*2]、人間はおのれがつくり出した自動的生き物〔デジタル機械〕について暗黙のうちに屈辱を感じていると書いている。そしてこの種の屈辱感のなかには、狂気を孕んだ〝超人〟の再来の種子が含まれていることを明らかにしている。

アンダースによると、ナチズムは過去の悪い思い出として記憶されるべきものではなく、未来の悪夢と見なされるべきものである。アンダースの恐るべき予言によると、未来のナチズムは人間自身がつくり出した巨大な産物に支配された人間の屈辱感によって生み出される。この産物は経済的自動装置の力によって支配され、意識的コントロールの手の届かないところにある。

このアンダースの予言は、屈辱を感じている者がアルゴリズム的機械に埋め込まれた〈理性〉を破壊することによって復讐を果たそうとするとき、真実味を帯びる。たとえば世界規模のトランプ現象にそれは見られる。しかしこの屈辱感はロックダウンの最中にも強化された。そのとき多くの人間が、ウイルスの強力な不可視の力から逃れるために身を隠すことを余儀なくされ、屈辱感が高まったのである。

これが、われわれが置かれている現状である。二〇一六年から、イギリスのEU離脱とトランプの勝利とともに噴出しあふれかえっている狂乱の波は、金融機械のなかに埋め込まれている技術‐言語的自動装置の無敵の力に対する激烈なリアクションだと私には思われる。今はどうか。金融よりも拡散的かつ恐ろしい新たな超越的力――無意識の伝染力――に対する社会的精神のリアクションはどうなるだろうか。

われわれは現実を直視し、人間は万能であるという確信を放棄することができるだろうか。われわれは相互作用システム、互恵システムの一部であるという考えを受け入れることができるようになるだろうか。われわれは死を免れない存在であるという考えを受け入れることができるようになるだろうか。死の必然性を直視し、すべてをコントロールしようという強迫観念を放棄すること、これが肝要である。

ここで決定的に重要な点は、理性とカオスの関係である。近代のくわだては、宇宙＝世界の

＊2　訳注――本書第1部第VI章注3参照。

無限の複雑性は数学的な合理的知識に還元可能であり、それゆえ政治的コントロールに従属させることができるという疑わしい想定に基づいていた。このくわだては、ある時点までは、きわめて生産的であり、豊かさをもたらし、進歩的であった。しかしその後、社会的なものの極度の複雑化が科学的知識と合理的コントロールの機能空間から食み出した。そしてこの時点から、複雑性はカオス状態となり、政治的理性はおのれの限界に直面することになった。

資本主義の内在的狂気はこの時点で露わになる。要するに、資本主義は際限のない蓄積、加速、拡張といったものの成果なくしては存在することができないから、〔人間の〕集合知はカオスとの闘いに踏み込み、カオスを支配し、カオスを価値化の原理に従属させようとするのだ。しかしカオスとの戦争を行う者は必ず敗北することを思い起こさねばならない。カオスは戦争を糧とし常食とするものだからである。したがって資本主義はカオスの頑強な壁にたたきつけられる。そしてその結果、社会生活は崩壊する。

ウイルスはわれわれにわれわれの限界を思い出させ、スローダウンを余儀なくさせたが、これは一時的休止ではなく近代の競争の到着地点である。そして今、われわれは未来の可能性を組み立て直すのか、あるいは絶滅への道を歩むのかという選択に直面しているのである。

ファシズムは歴史的に見ると、（スタハーノフ主義的な工業化信仰も含むそのさまざまな形態において）完全なる近代性に向かう文化的突進であり、生産性、消費、情報の強化に向かう推進運動であった。二一世紀に入って、ファシズムの神話が、ナショナリズム、レイシズム、そして純然たる無知が渾然一体となったかたちで蘇ってきた。しかし二〇世紀のファシズムの本質的力は蘇ってはいない。なぜなら二〇世紀のファシズムはいまでは存在しないものに基づいていたからである。すなわち産業資本主義の拡張的発展力と植民地主義の圧倒的暴力である。

トランプ主義の狂乱は、旧来のファシズム運動と多くの類似点があるにはあるが、次の重要な点で決定的に異なっている。すなわち、一〇〇年前のファシズム運動は、経済発展、植民地征服、栄光、いや増す繁栄からなる未来への熱烈な見通しに基づいていた。イタリア、ドイツ、日本の若者は、世界の帝国主義的植民地化に参与する権利を主張していた。そして増大する経済的生産力が彼らのオプティミズムと未来への信頼を裏づけていた。

しかし今日見えている地平は、これとはまったく異なっている。そこには未来派の若々しい攻勢的な陶酔感はなく、不安定な世代の沈滞した精神状況が見えている。南側の諸国を改めて植民地化する動きもなければ、かつての侵略と占領の行為を文明の行為として顕揚する動きもない。それどころか、白人の植民者によって略奪された諸国からの移民の逆侵略への恐れと、彼らを排除し続ける動きがあるのみである。

ファシズムは暴力ではあるが、工業的進歩を推し進める動きでもある。それゆえファシズムは自らを文明の行為として描き出すのである。

現在の覇権主義は本質的に、西洋白人の凋落しつつある特権を再興しようとする防衛的現象である。いわゆるポピュリズム運動は、生活改善のイデオロギー的期待に導かれていた過去の植民地主義的攻勢とはなんら関係がない。

四〇年にわたる金融的暴力と社会的屈辱は現在、多くの白人に精神病的攻撃性をもたらし、彼らは人間的感性に対して傲慢な振る舞いをするようになった。世界規模で広がっている反動的運動は、イデオロギー的なものではなくシニシズム的なものであり、どこか自殺的なものでもある。

死の本能

資本主義はなぜこれほど攻撃的かつ利己的そしてついには破壊的になったのか。理性的であった産業ブルジョワジーがなぜ最後にはそう変わったのか。新たな資本家階級がなぜこんなにも残酷になったのか。有産階級のこうした変身には文化的理由があり、また物質的理由がある。旧来のブルジョワジーは強力に領土化された階級であり、利潤と社会福祉は大なり小なり手をたずさえていかねばならないと思っていた。ブルジョワジーの繁栄は社会的需要の増大と分離したり対立したりすることはできない。ブルジョワジーが住んでいるコミュニティの社会福祉と分離したり対立したりしてはならない。そう考えていた。

しかし二〇世紀の終わりになって、資本主義的循環(サイクル)のグローバル化が、資本と領土のこの結びつきを完全に断ち切った。利潤と資本蓄積のためのマージンが一九七〇年代のスタグフレーション〔インフレと不況の同時進行〕のあと小さくなり、さらに二一世紀初めの二〇年間に再び小さくなった。それはテクノロジーによる自動化(オートメーション)の結果である。さらに二〇二〇年から二〇二一年にかけての長いロックダウンが利潤の幅に破局的縮小をもたらした。それゆえ金融資本主義の残忍さはさらに増すことになるだろう。

グローバル金融階級は、社会の繁栄からおのれの経済力を引き出していた昔の産業ブルジョワジーとは逆に、コミュニティの福祉には無関心である。グローバル金融階級は福祉を破壊し、公共サービスの破壊から価値を引き出すことによってのみ利潤をあげることができるからである。かくしてグローバリゼーションは労働者階級の国家的保護を破壊し、ただでさえ枯渇している地球の資源をさらに略奪するための世界的競争を発動した。

しかし後期近代の三つの不可逆的現象がこうした経済発展を停止に導くだろう。

①過去において工業化と都市化を可能にした物質的資源（水、新鮮な空気、石油等々）の略奪とそれに伴う枯渇。

②社会〔を構成する人々〕の神経資源の搾取とそれによる神経機能の崩壊。

③グローバルノースの老齢人口の増大、ならびにグローバルな次元における脳の老化とそれに伴う未来展望の喪失。

〝世界の老化〟は、〈北側〉における人口構成の趨勢、寿命の延長、出生率の低下の同時進行の結果である。しかしそれはまた、経済成長が限界に達したという社会的知覚の結果でもある。

政治的精神は、その未来派的刷り込みのために、成長の疲弊と終焉を理解し同化することができない。そのため、政治家は成長の回復という誤った約束に基づく拡張主義的レトリックの正当性を強調し続けてきた。しかしこの種の遅れてきた未来派は、いまや危険な本能の現れであり崩壊に行き着くしかない。崩壊は二〇二〇年の春に到来した。二〇一九年の秋、香港からチリのサンティアゴまで、パリからキト〔エクアドルの首都〕まで、ベイルートからテヘランまで、世界中を揺るがした〔社会的〕震動のあとに、それは到来した。この震動の源は既成権力をひっくり返そうとする激しい意志表明であった。

成長の終焉

成長の観念は近代経済の概念的構築にとって決定的重要性を有している。したがって世界中のすべての政府の政策は、ひとえに成長はいいものであり、質素と再配分は悪いものであるという想定に基づいている。

社会的生産が経済成長の見通しに合致しないと、経済学者は社会は病んでいると決めつけ、この病気に〝景気後退（リセッション）〟というおぞましい病名をつける。しかしこの診断は人々の必要（ニーズ）と無関係である。なぜなら、そうした診断は物や記号的商品の使用価値に関係しているのではなく、交換価値の蓄積という抽象的な資本蓄積と関係しているだけのことだからである。

経済的意味における成長は、社会的幸福の増大や人々の基本的ニーズの充足とは関係がない。それは金融利益の拡大および交換価値の大規模な拡大と関係があるだけである。成長の主要な指標であるGNPは社会福祉や人々の快楽の測定基準ではなく、金銭の測定基準でしかない。

社会的な幸福あるいは不幸は、経済のなかで循環している資金の額によって決まるものではない。それは富の分配に依存するのであり、文化的展望と物質的・記号的商品の調達との均衡に依存するのである。

経済成長は、社会的幸福の経済的指標であるというよりも、際限なき拡張としての未来の展望を承認するものである。

二〇〇八年の金融崩壊に続く時期に、ハーヴァード大学の経済学者ローレンス・サマーズは〝長期的不況〟という言葉を繰り返し語った。

サマーズによると、不況の第一の原因は以下のような状況に基づく。「テクノロジーの変化が早い時期には、新しいテクノロジーがすぐに廃れないように投資を引き延ばすことが理にかなっている」[*3]。

その点に関連して、需要の相対的衰微にはさまざまな原因が考えられるが、たとえば現在、購買力を有している人々は無駄にお金を使おうとせず、物を手に入れる必要がある人々はお金を持っていない。したがって、不平等になればなるほど、経済は停滞せざるをえなくなるということだ。

こうした状況において、成長を遂行する(もっぱらお金のために)唯一の道は、衰退しつつある社会的資源を略奪し、過去の産業化時代に建設された富を破壊することである。つまり社会インフラの棄却であり、公教育、公衆衛生、公共交通といったものの解体である。要するに、

---

*3 ローレンス・サマーズ「長期停滞にどう向き合うか――金融政策の限界と財政政策の役割」『フォーリン・アフェアーズ・リポート』二〇一六年三月号。

長期的不況に対抗する唯一の道は、利潤と金融蓄積を支えるために社会を破壊することなのである。

われわれはここに現代資本主義の最も大きな矛盾を見いだす。〔ITなどの〕新技術が労働の生産性を飛躍的に高めたが、この向上は逆説的にも労働者や社会の全般的貧困化を引き起こしたということである。テクノロジーの影響によって労働の必要性が減少したとき、その解決はひとえに賃金を減らさずに労働時間を減らすことであろう。しかしこれは新自由主義の枠組みなかでは考えられないことである。そうであるがゆえに破滅への道が用意されるところとなる。賃金はダウンし、経済的需要は萎み、デフレがインフレに取って代わり、不況が見えてくる、というわけである。記号資本主義空間の創造は経済発展への新たな可能性を切り開いた。そして一九九〇年代の数年間、経済は快調に拡大し、インターネット産業は新たな無際限の成長の展望をつくりだすものと見なされた。しかし、長い目で見ると、これは欺瞞であった。なぜなら、一般知性が無限の生産力を有しているとしても、成長の限界が認知労働者の情動的身体のなかに刻み込まれているからである。それは注意力の限界であり、心的エネルギーの限界であり、痛みを感じる感性の限界である。

二〇世紀末に新自由主義の熱狂的イデオローグたちによって拡散されたニューエコノミー[*4]の思い違いのあと、ドットコム〔インターネット関連企業〕の失墜が起き、それが二一世の初めに来るべき金融経済の崩壊を予告する。二〇〇八年九月〔リーマン・ショック〕以後、われわれは、金融的な拡張の可能性にもかかわらず、経済成長はもはや富の増大ではなく、単なる抽象的価値の増大にすぎないことを知るようになる。

そしてそこに〔新型コロナ〕ウイルスがやってきて、具体的なものが戻ってきた。ウイルスは経済と生活との関係を危険にさらす具体的な物質的微粒子である。

いまや未来と経済成長の同一視はわれわれを絶滅に導くことは明らかである。未来を経済成長と加速から切り離すことによってのみ、そしてウイルスのメッセージを受け入れることによってのみ、われわれは延命することができるのだ。ウイルスのメッセージが示しているのは、経済成長は終わったということ、疲弊と枯渇が趨勢になっているということである。

ダナ・ハラウェイは、未来についての楽観的ヴィジョンも黙示録的ヴィジョンも彼女独自の仕方で拒みながら、恐ろしいと同時に脱力させるような、また悲劇的であると同時にアイロニーに富んだ調子で、来るべき絶滅の到来について語っている。少し長いが引用しておこう。

〝人新世〟とか〝資本新世〟といった悪夢に対してよく耳にする二つの答えに〔私は〕苛立つ。ひとつめの答えは簡単で、たちどころに却下に値する。つまりハイテクによる問題解決への滑稽な信仰——宗教的であろうとなかろうと——である。テクノロジーが腕白だ

＊4　訳注——ＩＴの発展で資本主義経済において景気循環が消滅し、成長が永遠に続く新しい経済が生まれたとする考え方。二〇〇〇年代初頭にＩＴバブルが弾けて景気が失速、ニューエコノミー論は勢いを失った。

が賢くもある子どもを助けに来る、というわけだ。あるいは結局同じことであるが、神が反抗的ではあるが希望に満ちてもいる子どもを助けにくる、というわけだ。ハイテクによる問題解決（あるいはテクノロジー黙示録）という、こうした心震えるばかばかしさを前にすると、技術計画やそれに携わる人々を受け入れることの重要性がまだ失われていないということを思い出すのが難しくなる。彼らは敵ではない。彼らはトラブルと取り組むために多くの重要なことをすることができるし、〝オッドキン oddkin〟[*5]を生み出すこともできるのだ。

第二の答えに移ろう。これは退けるのがもっと難しいが、もっと破壊的でもある。つまりゲームは終わった、そして遅すぎた、何であれもっとうまいやり方はない、世界の復活のために互いに信頼して働いたり遊んだりすることに意味はない、ということである。私が知っている科学者のなかには、こうした苦いシニシズムを表明する者がいる。彼らが人々や他の生き物のために必死になって働いていても、である。自らを文化批判理論家あるいは政治的進歩主義者と見なしている人々もまた、おのれの考えを表明する。そこでは、確固たるエネルギーと技術を持った多層的な繁栄のために、労働と遊戯が奇妙なかたちで結びついていると私には思われる。他方、「ゲームは終わった」という態度を明示することは、学生を含む他者を落胆させることであり、それはさまざまな種類の未来派によって促進されている。そのなかには次のように考えている者がいる。ものごとは機能すればそれでよし、悪くても自分と自分の同僚たちがものごとをしっかり固定するために働くことが重要である。またものごとを考え、本を読み、研究し、アジテーションし、知りすぎていることを心配するような、もっと悠然とした科学者もいるが、これは論じるにはいささか荷が重すぎる。われわれは少なくとも、人間を含む地球上の生命がどうあがこうとも終わりかけている、そして黙示録が現実味を帯びてきている、という結論に達するのに十分な知識を有していると思う。

こうした見方は、地球は六回目の大絶滅の渦中にあるという意識、そしてとてつもない戦争、地球の搾取、「利潤」とか「権力」あるいは「神」と呼ばれるもののために人間や他の生物を困窮状態に陥れているという意識に基づいている。「ゲームは終わった」という見方は、それ自体が強い感情を引き起こすが、人間の数が二一〇〇年には一一〇億以上に達することが確実視されていることを知ったうえでのことではない。この数字は、一九五〇年から二一〇〇年にかけて、一五〇年で世界人口が九〇億増えるということを表している。これは貧者と富者の大きな不平等の結果であり——貧者よりも富者が圧倒的に大きくかけている地球への負担について言及しないまでも——、またほとんどあらゆる場所にいる人間以外の生物にも悪影響を及ぼすことも考慮しなくてはならない。ほかにも現実に何

＊5　訳注——ハラウェイは『困難を抱えて *Staying with the Traouble*』で、血縁者を「ゴッドキン godkin」と命名し、さらに仲間として選択したもの（木々や鳥、川、虫など）を「オッドキン oddkin」（odd ＝変則的な、kin ＝親族）として、「近親者」の概念を拡張することを提唱している。

が起きているかを示す事例がたくさんある。たとえば、第二次大戦後の〈大加速化〉(グレート・アクセラレーション)の時代は、地球の岩石、水、空気、そして生き物に大きな悪影響を与えた。トラブルの規模と深刻さの承認、抽象的未来への屈伏、そしてその結果としての途方もない絶望、途方もない無関心といったもののあいだには、決定的なつながりがあるのだ。[*6]

テクノロジーに救済を求めることはやめよう。テクノロジーから黙示録を展望することもやめよう。もしも人口増加の動向が確実なものとなったら、そしてわれわれが人口過剰と老化の二重の難問を回避する道を見つけることができないなら、絶滅は確実なものとなるだろう。大規模な人口爆発と〈北側〉住民の老化の結合は、うつ状態と絶望的攻撃性を同時に引き起こすだろう。そこから脱出するための命綱は、政治的意志のなかにも理性的政府のなかにも見いだすことはできないだろう。ひとえに経済成長への期待を文化的・心理的にひっくり返すことだけが、この爆弾を取り除くことができるだろう。ひとえにアイデンティティという強迫観念の放棄(現段階では難しいことではあるが)だけが、この爆弾を取り除くことができるだろう。

子どもたち

グレタ・トゥーンベリが二〇一九年九月二三日に国連で述べた言葉はターニングポイントをしるしづけた。

あなた方は空っぽの言葉を使って私の夢と私の子ども時代を盗んだのです。しかし私はまだ幸運なほうです。人々は苦しんでいます。人々は死にかけています。生態系全体が崩壊しつつあります。それなのにあなた方が話すことはすべてお金のことであり、永遠の経済成長というおとぎ話です。どうしてそんなことができるのでしょうか！[*7]

この言葉は無力で横柄な世界中の政治家に対する非難にとどまらない。それはまた、経済的強迫観念に対する否定でもある。私は〝永遠の経済成長というおとぎ話〟に対する告発を読みながら、ミレニアル世代[*8]が、私の世代が五〇年前に直面していた敵と同じ敵に直面しているのだと思った。すなわち資本主義、成長へのファナティックな強迫観念、資本蓄積、利潤といった敵である。

五〇年が無為に過ぎた。それはおそらく私の世代が政治的迷信に囚われ麻痺していたためで

＊6　Haraway, *Staying with the Trouble*, pp. 3-4.

＊7　Greta Thunberg, address to the general assembly of the United Nations Climate Action Summit (United Nations: New York, 23 September 2019).〔演説全文の日本語訳はグレタ・トゥンベリ「すべての未来世代の目はあなたたちに注がれている」『東京新聞』二〇一九年九月二五日付（https://www.tokyo-np.co.jp/article/27279）など〕

＊8　訳注――一九八〇年前後から二〇〇五年頃に生まれた世代。一〇代からデジタル環境になじんだ初の世代にあたる。

ある。私の世代は、政治的意志は世界の社会的生成の無限の複雑さを支配しうるという迷信的信仰によって麻痺していた。五〇年にわたる闘争、錯覚、敗北によって、ついに政治的意志は無力であり、経済的利害、宗教的偏見、自己中心主義、無知といったものの絡み合い、わけても未来を経済発展と同一視する文化的本能を管理するのにふさわしい能力を有していないことが明らかになった。

人為的な絶滅に抗する新たな運動が〈資本新世〉の致命的影響を止めることができるかどうか、私にはわからない。またこの世代が、自然資源の過剰な搾取、狂乱的民族国家主義、軍事力、戦争といったものを元に戻すことができるかどうかも、私にはわからない。

私が望むのは、生活様式や心理的関心の文化的見通しを変革することである。政治的変革ではなく日常生活の変革である。これは世界中の都市で進行している〈フライデーズ・フォー・フューチャー〉[*9]の趣旨とも合致している。

グレタが発した〝私たちの家は燃えている〟という言葉[*10]は〈エクスティンクション・レベリオン〉[*11]の活動家たちのスローガンになった。しかしこれに対して、二〇一九年九月二〇日、ロンドンの気候変動ストライキにおけるスピーチで、〈レッチェド・オブ・ジ・アース〉[*12]の連合は次のように応答した。

われわれの家はもう五〇〇年以上にわたって燃えている。
自然に燃えたのではない。

誤りや間違いによってこうなったのではない。

われわれは自然資源の不平等な分配やしかるべき構造を持ったわれわれの社会を追いやった強力な力によってここまで追いつめられたのだ。

われわれを支配する経済システムは、支配と利潤の追求を唯一の目的とする植民地主義によってもたらされたものである。

レイシズム、セクシズム、階級差別といったものが、幾世紀にもわたってこのシステムを維持するのに必要だったのであり、われわれが今置かれている状況をかたちづくったのである。[*13]

このことは、ヨーロッパ諸国がグリーン経済を実行しても、現在グローバルサウスで行なっ

---

*9 訳注――略称FFF。グレタ・トゥーンベリの呼びかけに応じて世界中に広まった、気候変動に関する草の根の改革運動。

*10 訳注――二〇一九年一月の世界経済フォーラム年次総会（ダボス会議）での演説の一説。さらに翌年のダボス会議では「私たちの家はまだ燃えている」と演説し、地球温暖化対策が喫緊の課題であるとあらためて警鐘を鳴らした。

*11 訳注――本書第3部第I章注3参照。

*12 訳注――同注4参照。

*13 Wretched of the Earth, speech at the London Climate Strike, 20 September 2019.

ていること――莫大な債務の押しつけと取り立て、不平等貿易、人を死に至らしめる搾取産業の輸出等々――を隠し続けるかぎり、たいしたことはできないだろうということを意味する。過剰に経済発展した先進諸国は気候危機の深化の諸条件をつくりだしてきた。したがってこれらの国々は責任を免れない。この問題で応分の身銭を切らなくてはならない。

気候問題と、富や資源の世界的規模の再分配計画とを切り離すことはできない。

われわれが絶滅の可能性について話すとき、われわれは気候変動や地球の物理的環境の荒廃についてだけ話しているのではない。われわれはまた、五〇〇年にわたる植民地主義が何をもたらしたかということや、人間の神経資源の搾取についても話しているのである。さらにわれわれは、社会的不平等、戦争や貧困によって追いつめられた人々の移動、移民の拒絶やマージナル化、発展した諸国の収容所に多くの移民を非人間的に拘留すること――これはとくに地中海沿岸地域やアメリカとメキシコの国境地帯などをはじめとして、世界中の多くの場所で起きている――などについても話しているのである。

レバノンの女性映画監督ナディーン・ラバキーが制作した映画『カペナウム』[*14]は、ベイルートの亡命者や移民の知られざる姿を、なぜ自分たちは貧困に生まれ、戦争で移動させられ、無視され、ひどい扱いを受けているか、といったことを理解できない子どもたちの視点から描いている。ラバキーはこの映画についてのインタビューのなかで、こうした子どもたちに、生まれたことがうれしいかと問うと、彼らはうれしくない、なぜ生まれたのかわからないと答える、と述べている。物語はレバノンのある少年が、自分をこの世にもたらした両親に抗議して法的行動をとることを軸にしている〔両親は出生届を出さなかった〕。しかし『ニューヨーク・タイムズ』のインタビューのなかでラバキーが述べているように、「この少年は両親を問題にしているだけでなく、こうした事態を引き起こしているシステム全体を問題にしている。なぜなら、この少年の両親もまた、そうしたシステムの犠牲者だからである。そのシステムとは、多くの次元で欠陥だらけで、人々を排除して自己完結しているシステムだ[*15]」。

この映画が語っているのは、グレタ・トゥーンベリの大いなる呼びかけのもうひとつの相貌であり側面である。これは文化的・政治的視点から見てグレタの問題提起に匹敵する意味を有している。〈北側〉の子どもたちは気候変動のまっただ中にいることを感じている。しかし〈南側〉の子どもたちは、飢え、貧困、恐怖を感じているのだ。そう考えると、かつてのパンクの「ノー・フューチャー」という挑発は、二一世紀の始まりにおける〝世界的共通感覚〟として感受することができる。

＊14　訳注――邦題は『存在のない子供たち』。監督・共同脚本・出演：ナディーン・ラバキー／レバノン／二〇一八年。

＊15　Sara Aridi, 'Capernaum Is Not Just a Film, but a Rallying Cry' (includes an interview with Nadine Labaki), *New York Times*, 14 December 2018.

第VI章

予防精神療法（サイコセラピー）としてのアメリカの反乱

The American Insurrection as Preventive Psychotherapy

固く結びついて一緒にいよう。
われわれはこれを毎晩実行しよう！

（ポートランドの活動家のスローガン[*1]）

パンデミックのもたらした社会環境（ロックダウン、ソーシャル・ディスタンス、恐怖感）は自閉症の波の最大の文化的土壌をなすと私が書いたとき、私は厳密には精神病理学ではなく精神文化の動向を参照していた。そのとき突出的に現れた精神風景は他者に対する共感の鈍化の広がりである。

われわれは集合的精神空間について考えるとき、一般化を避けなくてはならない。とりわけ決定論を避けなくてはならない。私は人々が「恐怖心に囚われている」と言っているのではない。そうではなくて、精神の病のスペクトラム〔連続体的分布範囲〕が恐怖心の方向に傾いているのだと言っているのである。

精神分析家は活動家やアーティストにもまして、こういったパースペクティヴに関心を向けなくてはならない。精神分析家は、退行、自閉、抑うつのパンデミックを避けるための療法を方法論的につくりださなくてはならない。

私はこの点についてもっと明晰に述べたいと思う。

ジョージ・フロイドの虐殺に続く時期、アメリカの諸都市で反乱が起きた。[*2] この反乱の政治的メッセージは一点の曇りもなく明らかである。すなわち、われわれ黒人、ラテン系アメリカ人、不安定労働者はウイルスの主要なターゲットであった。なぜなら、われわれは高価な医療システムにはアクセスできないからである。そしてまた、われわれはアメリカ文化のなかに埋め込まれたレイシズムと警官の組織的暴力の犠牲者である。われわれはジェイムズ・ボールドウィンとともに、〈次は火だ〉と、幾度となく叫んできた。[*3] いまやその時が来た。われわれは火には火でもって応じるのだ。

---

*1　訳注――アメリカのオレゴン州にあるポートランドはさまざまな急進的活動家の拠点となっている。

*2　訳注――アフリカ系アメリカ人のジョージ・フロイドは二〇二〇年五月、ミネソタ州ミネアポリスで警察官によって殺害され、この事件以後、全米でBLM（Black Lives Matter）運動が高揚した。

しかしアメリカの反乱は単に政治的意味を持っているだけではない。私の見るところ、それはまた、精神療法的意味合いも有している。『ガーディアン』はこう書いている。「現在二五歳以下の人々は、二年前と比べて日常活動を楽しく思っていない。その半数近くが、二〇一八年に五〇歳代だった人々と比べて、集中力が持続せずにあがいていると言っている」[*4]。

パンデミックの経済的影響がとくに若い世代に現れていることはたしかである。彼らの未来への期待はあっという間に打ち砕かれてしまったのだ。

「この調査は、この世代の三分の一がパンデミックによって仕事を失ったことを明らかにしている。それに対して、もっと年上の世代で仕事を失った者は六分の一程度である。現在、一時停職させられている人々は、仮にこの停職状態に終止符が打たれても、失職するのではないかと考えている」[*5]

しかし、ウイルス感染状況の心理的影響は、こういった経済事情に劣らず重要である。なぜならそれは、社会的主体化、連帯意識、自律性、そして喜びといったものの成りゆきに直接影響を与えるからである。

われわれは、悩める主体を癒すために、政治的戦略や精神療法的戦略を構想することができるだろうか。政治がいかなる約束も守ることができないのだから、民主的参加は欺瞞である。民主主義は空っぽであり、うんざりであり、フェイクである。この鬱屈したエネルギーはいずれ噴出せざるをえないと私には思われる。そうやって死への恐れは克服される。つまり、反乱は多くの人々の苦しみを癒す唯一の道なのである。ジョージ・フロイドの虐殺のあと爆発したアメリカの反乱がそれを証明している。

二〇二〇〜二一年のロックダウンのあと、狭く不快な家で長く続いた窮乏と苦痛のあと、長期にわたるソーシャル・ディスタンスと孤独のあと、多くの若いアメリカ人が、自分たちの精神バランスが危機に瀕していることを自覚し始めた。ジョージ・フロイドの公然たる残虐な死刑執行のような、屈辱的な許し難い暴力行為に反発しないなら、われわれは果てしないうつ状態のトンネルのなかに入ることになるだろう。そして自殺の波に飲み込まれてしまうだろう。「われわれは反発しなくてはならない。そして今すぐそうしなくてはならない。パンデミックが目の前にあり、警察がコロナウイルスに負けず劣らず人殺しなのだから、反発することは危険であるが、そうであってもわれわれはそうしなくてはならない。反発が危険な行為であっても、われわれは今反発しなくてはならない」

かくして彼らは街路に出たのである。彼らは歌を唄って歩いたが、同時に警察署を襲撃し火をつけた。また商店やスーパーマーケットを略奪した。彼らは火炎瓶を投げ、レイシストの火

＊3　訳注――James Baldwin（1924－87）アメリカの作家。『次は火だ *The Fire Next Time*』はボールドウィンの評論集（一九六三年）の書名（邦訳は黒川欣映訳、弘文堂新社、一九六八年）。

＊4　Daniella Adeluwoye: 'Under-25s Bearing Brunt of Covid Mental-Health Toll – Survey', *Guardian*, 30 August 2020.

＊5　Ibid.

に対して火でもって応じた。彼らは高い犠牲を払った。若い活動家は警察や白人のマッチョな男に殺された。何千人もが逮捕された。しかしレイシズム、貧困、失業、ウイルス、警察に取り巻かれながら延命することを考えたら、死ぬことはそんなに悪いことではない。

こういう状態は単に政治的なだけではない。レイシストがわれわれに与える屈辱は、われわれの身体的延命にとって危険なだけではない。それはまた、われわれの心理的条件、われわれの尊厳（尊厳という言葉が何を意味するかはともかく）、われわれの生を楽しむ可能性にとっても危険である。

それゆえわれわれは次のことを大声ではっきりと言わなくてはならない。われわれはもう延命と屈辱を交換する気はない、と。われわれは戦って死ぬ準備ができている。なぜなら死ぬことは、現在の若者にとって最悪の未来というわけではないからである。

エロティシズムや社会関係に目を向けると、われわれは大きな破局が進行中であることを理解する。歴史上はじめて、互いの体を近づけることが危険になった。唇を近づけることが嫌悪感を催すようになった。これは社会的連帯にとって潜在的な核爆弾である。連帯は他者が存在することの喜び（快楽）に基づかなければ何の意味もない。連帯は道徳的概念ではない。連帯は情愛的概念なのである。

疑念や恐れを感じて、他者の身体の存在を避けるようになったら、連帯など何の意味もない。

アメリカの若者の反乱は、パンデミックの引き起こしたうつ的逆流からの解放への道を開く可能性がある。私はこの反乱を精神療法的爆発と見なしたい。感染の広がりの増大、そしてさらなる抑圧（ジョージ・フロイドの虐殺後一ヶ月で一万人が逮捕された）の増大に対抗する精神療法的爆発である。この反乱は危険なシグナルではあったが、精神的癒しと社会的連帯に寄与したのである。

蜂起は長引くロックダウンから脱出する道、息のつまるアメリカ社会で息をする道の可能性を示した。永続的反乱が息をするための唯一の道であり、これから訪れるであろう心理的うつ状態を回避する唯一の道なのかもしれない。

アメリカの若者――アメリカ人だけではないが――はロックダウンのあいだ、孤独、恐怖、無力、とりわけ窒息感を体験した。

パニック障害が四倍に増えた。[*6]

精神衛生センターで働いている友人が言うには、自殺がとくに若者のあいだで増えている。こうした恐怖症からどうやって抜け出すことができるのだろうか。蜂起に参加したら、若者はウイルスにさらされるというのは確かかもしれない。しかし行動しないこともまた、彼らをうつのトンネルと自殺衝動にさらすことになるだろう。アメリカの反乱はこのジレンマに対する答えである。反乱だけがわれわれを長期持続するうつ状態から救うことができるのだ。反乱は、団結、連帯、抱擁、友愛、相互扶助、官能的快楽、集合的快感、悪魔払いといったものを意味する。

＊6　Halpert, 'How to Manage Panic Attacks'.

アメリカの変動が世界でも起きるかどうか私にはわからない――そう願いたいところではあるが。今後、経済回復はおとずれないだろう。なぜなら経済成長の時期は終わったのであり、負債が激増し、破産状態が不可避的に拡散するだろうからである。われわれは破産状態を、支払い拒否と自己組織化の意識的・意志的・政治的行為へ、そして金銭による疎外の拒絶へと転化しなくてはならない。

こうした状況はいつでも容易に変化するものであり、社会的主体性の変化もまったく予測しがたい。このことがつくりだす破局の恐るべき心理的帰結を免れる唯一の道は、社会的自律、経済的平等主義、そして共同的反乱行為である。

私が〝蜂起 uprising〟という言葉を使うとき、それは過去の武装闘争の経験を念頭に置いているわけではない。ブラックパンサーは一九六〇年代・七〇年代の風景のなかに収まっているのであり、彼らの武装経験を繰り返そうというわけではない。なぜなら今日、社会運動と帝国主義国家の不均衡は巨大であり、武装闘争を考えることは自殺的行為だからである。

ブラックパンサーやイタリアの赤い旅団、あるいは西ドイツ赤軍といった武装組織のスピリットは今日の時代風景のなかからは消えた。しかしながら、貧困、搾取、警察、暴力、レイシズムといったものは、なお持続し続け、この数十年さらに悪化している。

運動の力の磁場は場所を変えた。われわれは銃を必要としない。なぜなら認知労働者は銃よりもずっと爆発的有効性のある武器を有しているからである。われわれは技術-文化的サボタージュの力、技術-科学的発明の力を駆使して、人々の安寧のために闘い、社会機械に介入してこれをプログラム化し直さなくてはならない。

われわれは〈民主主義の再興〉をゴールとする昔ながらの反ファシズムの言説を繰り返すことをやめなくてはならない。われわれは罠を避けなくてはならない。なぜなら民主主義は死んだのであり、もはや人の心を動かす吸引力を有していないからである。苦しみの根源はファシズムではなく、資本主義なのだ。ファシズムは本質的に無能と屈辱への精神病的リアクションである。

ファシズムは一〇〇年前、経済的拡張を国家の栄光と個人の向上として信じる若者文化の攻撃的イデオロギーであった。その攻撃性は白人文明と産業発展の空間を広げる方向に向かっていた。現在そのような風景はいっさい残されていない。いまや拡張は終わり、経済的回復は空約束にすぎない。

経済発展は物質的環境のさらなる悪化、精神的環境のさらなる悪化を意味するだけである。現在われわれが必要としているのは、民主主義についての空虚な言葉でも、経済回復についての空虚な言葉でもない。われわれは経済発展の神話から脱却して、平等主義的でつましい文化を採用しなくてはならない。無用な商品を買い込むのではなく、われわれの友人や恋人と楽しむ時間を増やさなくてはならない。これがつましさ、質素ということなのである。

疲弊と枯渇が拡張に取って代わった。

疲弊、絶滅、死の接近。こうした見通しに対して、なにがなんでも経済成長に向けて再発進しようという反動的リアクションを行うなら、われわれは暴力、レイシズム、戦争の悪循環に入ることになるだろう。そうではなくて、われわれは疲弊と枯渇のリアリティを受け入れ、平等主義的観点から現実に対応しなくてはならない。知識、連帯、テクノロジーが提供するものを質素に分かち合うこと。これが延命のレシピであり、新たな快楽をもたらすことができる社会生活のレシピである。

社会学者エミール・デュルケムによると、戦時には自殺率は下がる。人々は爆弾から身を守るのに忙しくて、一時的に自らを殺すことを忘れるのである。

それゆえ私は隔離生活の初めのころ、自殺率が低下するのではないかと考えた。というのは、隔離生活は戦争と同じだと思ったからであるが、これは間違いだった。ウイルス感染の精神的影響は戦争の精神的影響とは異なる。隔離生活の影響は主要には自己喪失、退行、受動性といったものであるが、戦時は逆に絶えず動かねばならない。

パンデミックが二年目に入っても、自殺率の最終的統計はわからない。しばらく待たねばならない。しかし心理学者や精神病理学者は、とくに若者の自殺が明らかに増えていると語っている。

その直接的原因は言うまでもないだろう。学校の友達と会うことができず、恋人から引き離され、ウイルスに感染しているかもしれないという不安を感じているからである。

私はまた、今世紀の行く末がゆっくり見え始めていると思っている。そしてわれわれはわれわれが絶滅の危機にあることを理解し始めているのだが、その影の下で人生を送る準備ができていない。その過ごし方を学ばねばならない。なぜなら、絶滅するかもしれないと考えて絶滅の地平を受け入れ、パニックを回避することが、絶滅から逃れる唯一の道であり、そして別の地平と別の未来を発見する唯一の道だろうからである。

〔この激変の時期の経験から得られる教訓は、政治的歴史の観点から見て、このうえなく明らかである。すなわち、人間の意志はこれまでの近代的過去において重要なものであったが、それはわれわれが考えていたほど圧倒的な力を有しているわけではないということだ。それはある時点までは重要であった。知識、テクノロジー、武器などに裏づけられた政治的決定は、世界の物理的風景を変えることができた。生産のための巨大なインフラをつくりだし、社会的共存を形状化することができた。

しかしそれが可能だったのは、情報の流れが比較的ゆるやかだったおかげである。そして工業生産が地域的次元において展開され続けていたからでもある。これが意志の力と決定の有効性を保証していたのである。

しかし超加速化の時代に入って、地球規模のマクロな大波が押し寄せ、ミクロで肉眼では見えないものの増殖とあいまって、人間の意志はほとんど無価値なものに縮小された。

まったく無価値ではないが、無価値に近いほどまで。

すべては情報空間の複雑さと精神的変化プロセスのスピードとの関係に依存している。

かつてナポレオンやレーニンは現代的情報空間に匹敵するものを掌握した。しかし今日、レーニン的手法は役に立たない。彼の意志は麻痺させられてしまうだろう。ナポレンについては言うまでもない。ウイルスの増殖への対応は、政治的意志の力ではどうしようもないのである。[*7]〕

政治的意志は自律的力を失った。そしてそのほとんどが有効性を失った。なぜなら政治的意志は技術-金融資本主義の自動装置に従属しているからであり、また自然の野放図な力——パンデミック、精神病的潮流、気候変動、等々——に従属しているからである。

このパンデミックの時代において政治的行動が担うべきこととは何か。技術的な公衆衛生管理を強化することである。公衆衛生的アプローチを拒否した連中（トランプやボルソナロ）は数え切れない死と苦しみの原因となった。

彼らは政治的決定の自律性を行使しようとしたが、その結果は破局的なものであった。

革命的な方法あるいは選挙を通して政治的力を獲得し行使しなくてはならないという考えは妄想であろう。革命政府であっても、感染の拘束力、環境の破局、精神病の爆発といった事態の出現に屈伏せざるをえない。

人間の意志は不能になったのである。この現実を受け入れよう。進化の果てに達する別の道を探そう。

政治的革命ではなく、資本主義の朽ちていく身体から社会の一部を切り離す〝分裂生成〟の方向に進もう。すなわち自律的コミュニティの創造と増殖、食糧自給体制、警察やレイシストや国家に対する自己防衛、これが延命と再発明のための戦略であり、心理空間と社会精神を治療するための戦略である。

＊7 訳注——〔 〕内の記述は第一稿にあるが、実際に出版された書籍では削除されている。しかし、訳者の私見として文脈上あってしかるべきだと判断、編集部と協議のうえ訳出した。

第Ⅶ章

無になること——神のアルツハイマー病

Nothingness — the Alzheimer's of God

ワクチン戦争

〔新型コロナ〕ウイルスが世界中に広がったとき、われわれはそれが共通の敵であり、不可視の脅威であると認識した。そして短い期間ではあるが、われわれはみな兄弟姉妹であると感じた。われわれは一致して、われわれを絶滅させようとしている自然に対して闘いを挑んだ。人間の歴史は自然に対する長い闘いの歴史でもある。この闘いからテクノロジー、医学、そして社会組織の複雑な形態などが生まれたのである。

自然は反撃を行い始めた。それはわれわれに対する憎しみからではない。そうではなくて、われわれにはわからない必然性からである。異常な大波、森林火災、氷河の溶解、そしてウイルスである。

最初、われわれは脅かされているのは身体だけだと感じた。テクノロジーが救いに来て、ワクチンをつくり、免疫システムに変異を引き起こす人工補充物を注入した。

そして〈ウイルス時代〉の第二の局面に入って、当初支配的だった感情が変化した。人々はもはや共通の恐怖感情で結びつくのではなく、競って救命ワクチンを得ようとするようになった。グローバルノースでは、数ヶ月で莫大なワクチンが生産され、大手製薬会社（ビッグ・ファーマ）のネットワーク、新たなサプライチェーンが知的財産権のルールに従った救命装置をつくりだした。

イギリス、アメリカ合衆国、イスラエル、そしてヨーロッパ諸国が、こぞってワクチン開発競争を始めた。これらの国々は大手製薬会社の法外な支払い要求に応じるだけの資金を持っている国々である。

感染によって大きな被害を受けたインド、南アフリカは、ワクチンの知的財産権の一時免除を求め、WHOもその要求に合意した。

しかし、どうしようもなかった。

知的財産権のルールは多くの人々の命よりもはるかに重要視されているのだ。

ファイザーやジョンソン・エンド・ジョンソンのCEOや株主は、ワクチンの化学式がどのように創造されたか、その知的プロセスに何も関与していない。彼らはウイルスや化学あるいは生体工学について何も知らない。彼らはひとえに略奪や蓄財の仕方を知っているだけである。

ヨーロッパの富裕国や北アメリカは体裁を取り繕うために、グローバルサウスの諸国に必要なワクチンを慈善的に送る約束をした。彼らはCOVAXを創設したが、[*1]それは一年足らずでお笑い種であることが明らかになった。私が本書を書き終えようとしている二〇二一年六月の時点で、白人が群れをなしてワクチン接種を行なっているのに対して、アフリカの人々でワクチン接種をした人はたった二％にすぎない。

新型コロナウイルスの経験から多くの矛盾が噴出するだろうと私は考えた。またときどき、寛容、連帯といった精神に向かってラディカルな変化が起きることを期待した。さらに人類の延命に通じる当たり前の合理性が生じることも期待した。

しかしWTO〔世界貿易機関〕、EU、そして大手製薬会社が、特許・商標への配慮こそが（人類の生き残りをも含む）いかなる他のものよりも重要であると決定したとき、私は〝ゲームは終わった〟と考えざるをえなかった。地球上における人間の生活は実験に失敗したのである。

カウントダウンが始まった。

こうして私はサルマン・ラシュディ[*2]を読み始めたのである。

＊1　訳注――COVAXは、新型コロナワクチンへの公平なアクセスのための共同購入・分配の国際的枠組み。

＊2　訳注――Salman Rushdie（1947‐）インド生まれのイギリス系アメリカ人の小説家。『悪魔の詩』の刊行（一九八八年）でイスラム教徒の反感を買い、幾度も暗殺のターゲットとされ、日本語版翻訳者の五十嵐一が一九九一年に暗殺された（日本語版は上下巻で、プロモーションズ・ジャンニ発行、一九九〇年出版）。

バロック的・シュルレアリスム的な想像力は、ある根源的な背景を共有している。すなわちそうした想像力は、世界はイリュージョンであり、化像（マーヤー）であり、〝人工物〟であり、心のスクリーンに投影された映像であるということを知っているのである。

「彼らはわれわれの脳のスクリーンに終わりのない素晴らしい映画を提供してくれる」――この言葉を私はフィリップ・K・ディックのインタビューで実際に読んだのか、あるいはフィリップ自身が私の夢に出てきてそう言ったのか、よくおぼえていない。しかし「彼らとは誰か」。われわれが経験する幻影を果てしなく加速していくリズムで産出する神が存在するのだろうか。いや、そうではない。このスクリーンの背後に神はいない。想像力、テクノロジー、そして言語のカオス的流れが存在するだけである。そしてこの流れは意識のスペクトラムを攪乱し、錯乱、狂気、抑うつ、絶望の嵐を引き起こす。

> それは〈何でも起こりうる〉時代であった。〔…〕一民族全体がネズミの大群のように崖から飛び降りるというようなことも。テレビで大統領の役を演じた男たちが実際に大統領になった。水がなくなって〔…〕悪魔の臭いが漂っていた。テレビのスターが奇跡的に昔ながらの愚か者の愛を復活させ、彼に細く長く続く人生を取り戻させるロマンチックでもない勝利を与えていた。[*3]

パンデミックによる世界の終焉の予兆とほぼ同時期に出現したラシュディの小説『キホーテ』は、何についての本だろうか。[*4] もちろん世界の終焉についての本である。この本の最後のページで実際に世界は終わる。世界は消滅し、巨大な空っぽの穴のなかに姿を消していく。しかし四〇〇ページに及ぶこの本は、単に世界の終焉についてだけでなく、多くのことを語っている。

キホーテはインド出身の年老いたアメリカ人である。彼は、アメリカ史上最強の致死性ドラッグ——フェンタニルとオクシコダン——の傲慢な生産者、ドクター・スマイル〔Dr. Smile〕の従兄弟であり雇われ人である。ここでも大手製薬会社が顔を出す。キホーテは御多分に洩れず老年性認知症にかかっている。

彼は長年、精神病薬のセールスマンとして働いたあと、近い過去のことを忘れてしまうようになった。しかしそれを思い出すために、なにものにも拘束されないとてつもない想像力を持っている。それは数え切れないくらい長時間のテレビ視聴によって培われたものだ。それは憂い顔の騎士〔ドン・キホーテ〕が万巻の書物を読んで想像力を刺激されたのと同じようなことである。

＊3　Salman Rushdie, *Quichotte* (New York: Random House, 2020), pp. 7–8〔未邦訳〕

＊4　訳注——ラシュディの小説 *Quichotte* は最初にイギリスとインドで二〇一九年八月末に刊行された。

キホーテはテレビを見ながら彼にとっての新たなドゥルシネアへの恋に落ちる（〔ラシュディ作品の〕ドゥルシネアはインド出身のテレビスターであり、キホーテが生まれたのと同じ町、今は別名〔ムンバイ〕になっている伝説の町ボンベイの生まれである）。『キホーテ』という作品は、壊れた心、壊れた生活、壊れたからだ、壊れた家族の物語である。現代のアメリカの物語、そしてまた現代の世界の物語でもある。

「壊れた家族はこの壊れた世界を見るのに最良のレンズであろう。この壊れた家族のなかに、喪失感、貧困、虐待、失敗、老齢、病気、苦痛、憎悪などで壊れていてもなお希望と愛にしがみついている人々がいる。そしてこの壊れた人々――われわれのことだ！――がおそらくわれわれが生きているこの時代の最良の鏡なのだ」[*5]

ラシュディの本にはもちろんサンチョも出てくる。キホーテの架空の息子である無学な若者である。彼は当惑しているように見える。なぜなら彼が住んでいるとされる世界は彼にとって理解不能だからである。それはいかなる意味も奪われた意味のない世界なのだ。このサンチョは、この世界がすでに修復不可能なまでに分解し、最終的崩壊寸前にある時期にこの世に生まれてきた終末的新世代に属している。

物も人もすべてがばらばらに壊れる。国も市民とともに壊れる。それらを繋ぎ止めるものは何もない。ゴミがそこらじゅうに散らばっている。巨大な物もそこにある。そうしたものが現実の同じ次元で共存している。そこには同じ権力の空気が漂っている。若者はどうしているのか。どうやって区別したらいいのだろう。放送ネットワークではどの番組も同じことをやっている。本当の話に基づいているという触れ込みだ。だがそれは本当の話ではない。その本当の話はもう本当の話ではない。もう誰もが認める本当の話は存在しない。ここから頭痛が始まる。ずきずき痛い！　この頭が。

まったく。

とんでもない時代に生まれてきたもんだ。[*6]

『キホーテ』はもちろんアメリカについての本である。主人公の認知症の老人がカリフォルニアからニューヨークまで、そしてニューヨークからカリフォルニアまで、この大陸を横断していく。これは彼の祖先〔セルヴァンテスのドン・キホーテ〕がラマンチャからスペインの荒野を横断していくのと同じである。ラシュディはトランプ時代のアメリカを、キホーテとサンチョという二人の薄黒い顔をしたインド人の視点から描いている。彼らは幾度もひどい扱いを受け、罵られ、レストランから追い出されたりする。人々は彼らにターバンはどこだとか、武器をどこに隠しているかとか尋ね、公道を歩く権利を持っているのかと問う。

どうして人々はこうも攻撃的なのか。サンチョは自問する。そこで彼は言葉が問題なのだと

＊5　Ibid., pp. 54–5.
＊6　Ibid., p. 133.

思う。そしてキホーテに告げる。「私はわれわれが別の言葉を持っているためにわれわれに憎しみを向けるやつらをやっつけたい〔…〕」[*7]。

無知にくわえて優位に立っているという自己欺瞞。これがあらゆる種類のレイシズム、とりわけアメリカのトランプ主義の背景である。

アメリカは、スティーブ・ジョブズのようなシリア人、あるいはサンダー・ピチャイ〔グーグルの最高経営責任者〕のようなインド人、またラシュディのようなインド系の作家、さらにイタリア系の映画監督や中国系のエンジニアのおかげで、研究やイノベーションの領域で、世界で最も先進的な位置を占めているにもかかわらず、この知的労働のコスモポリタン的拠点はまた同時に、あらゆる時代と場所を通じて最も無知な白人植民者のコミュニティでもある。

この矛盾のためにこの国は分解の縁にあるのだ。

「私は上を見上げることができない。上にあるのは何だ。巨大な爆発物が風に揺れている。それを見たら死にたくなる。それは固定できない。これをどうするかを知っている者がワシントンやケープ・カナベラル[*8]にいるとは私には思われない[*9]」

これが固定できないのはなぜか。それは「世界の何かから虚空がはじけて開いているからだ。それは火のように燃えている。だんだん接近してくる巨大な弾丸のような穴、荘厳な黒いからっぽの穴が……[*10]」。

キホーテは、真実、美、完璧、信頼を求めている。彼は自分の夢、サルマという名前の彼のいとしいテレビスターを所有したいという夢を実現したいと思っていた。しかしこの女性が彼には関心がないことがすぐにわかった。彼女の関心は彼がスーツケースのなかに持っているドラッグ（オピオイド）だった。このドラッグで彼女の歓心を買うことができるが、それはまた彼女を殺すことにもなる。

「おそらく〔…〕この探索者〔キホーテ〕が、自分の旅がいかに奥深い誤りに基づいていたかを理解するのは、ようやく旅の終わりに近づいてからであった」[*11]

したがって、キホーテは本質的に悲劇的キャラクターの持ち主として旅を終えるのである。ミゲル・デ・ウナムーノがセルヴァンテスの作品について指摘したように[*12]、われわれはしばしばわれわれの道徳——死ではなく、死よりももっと悪いもの、一種の麻痺、このうえない苦痛——に囚われた旅をするということである。

＊7 Ibid., p. 151.

＊8 訳注——ケープ・カナベラルはアメリカのフロリダ州中央部に浮かぶ砂洲で、空軍基地とケネディ宇宙センターがある。

＊9 Ibid., p. 374.

＊10 Ibid., pp. 377, 379.

＊11 Ibid., p. 381.

＊12 訳注——Miguel de Unamuno（1864-1936）スペインの哲学者。訳書に『ウナムーノ著作集』全五巻（神吉敬三・佐々木孝ほか編訳、法政大学出版局、一九七二-一九七五年）、『アベル・サンチェス』（富田広樹訳、幻戯書房、二〇一九年）など。ウナムーノによるセルヴァンテス作品への指摘は、『ウナムーノ著作集②ドン・キホーテとサンチョの生涯』に見られる。

「老化はどうしても止めることができないの?」とサルマは尋ねる。彼女はメディア風景のなかでヘロイン中毒にかかった双極性障害の登場人物である。

エヴェル・セント Evel Cent 博士(この名前は Evil Scent〔悪魔の香り〕と聞こえる)は、こう答える。「私は人間の物語の最後のカッサンドラ〔予言者〕である」[*13]。

ここからわれわれはキホーテを忘れて、世界の終焉についての妄想について話さなくてはならない。

ボードリヤールは、世界の終焉は幻想であり、ある恐怖形態であり、終わりのない待機であることを知っていた。

それは最後のユートピアか。

何の終わりなのか。

スラヴォイ・ジジェクは、資本主義の終わりよりも世界の終わりを想像することのほうが容易である、と言っている。

しかし、ドゥルーズ/ガタリは、リゾームには始まりも終わりもない、それはいつも真ん中である、と言っている。

〈存在〉の形而上学的空間、そして歴史目的論の弁証法的空間においては、〝終わり〟は死滅と新たなものの出現を意味する。

しかしこうした終わりのない形而上学の王国を離れたら、あるのはただ情報の再結合と物の再構成だけである。

物の形の終わりと身体の終わりを区別して理解しよう。

身体は分解すると終わる。しかし物は消えない。物は〈無〉にならない。物は新たな形として、新たな分子的形状として再構成される。

物の形は、知覚の発生装置としての精神のなかにのみ存在するのである。

物の形は、意識が溶解するのと同じように、消えて〈無〉になることができる。

意識は〈無〉の条件である。〈無〉はひとえに意識の無への生成としてのみ存在する。〈無〉はひとえに意識の溶解と最終的閉鎖としてのみ存在する。

形が中身を組織することができなくなると、その時点で中身はカオスになり、精神がカオスを最終的痙攣として認識する。そしてそのとき、精神は新しい形を打ち出し、世界は再構成されることになる。しかし精神そのものは溶解し、身体を構成している物は最終的に一貫性を失う。分解可能な物の永久的生成のおかげで身体は〈無〉にならないが、精神の溶解とそれに続く〈無〉の出現を引き起こすのは身体である。

〈無〉なるものは存在せず、意識の無への生成が存在するだけである。

〈無〉は心のなかにだけ住んでいる。

〈無〉を企てることだけが、すべてを終わらせることができる。〈無〉は果てしないのだから。

思考する精神を有する身体の溶解だけが〈無〉を生み出すことができる。

＊13　Ibid., p. 384.

言語の終わりは無である。そして無はまた自動装置による言語の包摂であり、魂も身体も欠いた言語による包摂でもある。

進化する機械の自動言語による人間の言語の置き換えは、ＡＩ〔人工知能〕という大いなる〈無〉の覚醒を可能にするものである。接続語のコードへの翻訳が増加している。コードによって意味が決められる自動的記号が発生している。自動化された意味は無である。

私の心が世界について考えることをやめても、世界は消えない。なぜなら世界は無だからであり、世界は〈無〉の次元で〔「私」の〈無〉のなかで〕進化し続けるからである。ヒンドゥー教の伝説では、神はしばらく眠り、そのあいだに世界が出現して形をなす。そして神が無意識のあいだに夢に見たその世界のなかで、人間の歴史が展開されたということだ。

それは男性の歴史だが、しかし女性の歴史はどうなのだろうか。

世界は無であると言ったが、それは神との関係の話であって、世界は実際に存在する。なぜなら女性のからだは神とはほとんど無縁で、神を信じないからであり、女性の無神論は世界を楽しめるもの、楽しいもの、それゆえ真実のものにするからである。

しかしわれわれは別の仮説を理論化することもできるだろう。

神はじつに長いあいだ存在した〔永遠に存在すると言う者もいる〕あと、アルツハイマー病にかかった。脳の細胞組織の不可逆的劣化による老年性認知症である。

神は自分の見た夢、自分の誤り、自分の創造物の記憶を失った。神はまた、われわれについての記憶も失った。したがってわれわれは置き去りにされた、というわけである。

神のアルツハイマー病は、カリ・ユガ[*14]のなかですでに描かれている。それによると、神は自分が誰であるかを忘れている。〝あなたは誰か〟という問いに、神はこう答える。〝郵便局で自分の順番が来るのを待っている年金受給者である〟。

シヴァの陰鬱な友であるカリは、クリシュナの肉体的死（スーリヤ・シッダールタ〔インド天文学の論文〕によると、BC三一〇二年二月一八日の真夜中に起きた）の瞬間以降、世界を制圧している。[*15]カリの専制政治は四三万二〇〇〇年間続き、AC四二万八八九九年に終わる。そしてその年、ヴィシュヌの一〇番目にして最後のアヴァター（化身）であるカルキが、悪魔を追放する燃える剣を持ち白馬に乗って現れる。

それゆえわれわれは、大破壊者カリの時代が終わるAC四二万八八九九年まで待たねばならない。

カリはアルツハイマーになった神である。

＊14　訳注――「男性の悪魔カリの時代」とも呼ばれる。インド哲学の循環する四つのユガ（＝時期）のうちの最後の段階を指す。なお、カリはインドの神話に登場する悪鬼で、不運や不和が人格化したもの。

＊15　訳注――シヴァ、クリシュナ、後出のヴィシュヌはヒンドゥー教の神。シヴァは「破壊／再生」を司り、「維持」のヴィシュヌ、「創造」のブラフマー（梵天）とともに三大神とされる。クリシュナは「愛・知・美」などを司るとともに、宗派によってはヴィシュヌの化身ともされる。

この物語にはたくさんの神が出てくる。つねに覚醒していて神経質な聖書の神、仏教伝説の眠れる神、ヒンドゥー教の狂った神、等々。

理解しがたいのは、失敗するとわかっていながらなんとしてでも実験をし続ける人間の頑迷さである。

無意識の神が眠りながら世界の夢を見ているとき、アブラハムの神はつねに過剰興奮してアンフェタミンを摂取し、しばしば狂気の果てにまで至る。

長く存在しすぎて疲弊し老化した神の脳に痴呆が取り憑いたとき、神は人間の歴史に道を譲った。

その道が今閉じられようとしている。

あるいは、そうではないかもしれない。

訳者あとがき

本書は以下の本の全訳である。Franco "Bifo" Berardi, *The Third Unconscious—The Psycho-sphere in the Viral Age*, Verso, 2021.

著者のフランコ〝ビフォ〟ベラルディについては、拙訳の『大量殺人の〝ダークヒーロー〟』（作品社）や『フューチャビリティー』（法政大学出版局）を参照していただければありがたい。ビフォを初めて読む読者のために簡略に紹介すれば、一九四九年イタリアのボローニャ生まれ（今もボローニャに在住）、一九七〇年代のイタリア〝アウトノミア〟の中心的活動家で、その後著作活動やインターネットを通した言論活動によって欧米の知識人・活動家の世界で〝ビフォ〟という愛称で広く知られた思想家である。とくにフランスやアメリカでの長期滞在経験に基づく〝西洋社会批判〟や、文学、政治、経済、哲学、精神分析、情報科学、メディア、先端テクノロジーなどの豊富な知識を活用した人間文明の未来診断に定評がある。

本書はビフォが新型コロナウイルス大流行の真っ最中に考えたこと、とくにこのパンデミックの〝精神的後遺症〟についての考察を全面展開した特異な社会哲学的思想書である。

パンデミックが終息したとされてから一年足らず（WHOは「新型コロナの緊急事態宣言」について二〇二三年五月五日に終了を発表したが、脅威は残っているとしている）、本書が出版されてからまだ三年にも満たないのに、世界は今、あたかも何事もなかったかのごとく〝正常化〟しパンデミックをすでに忘れ去ろうとしている。これは新自由主義的価値観が日常生活の営みのなかにいかに深く浸透しているかを示す証拠であろう。それにしても、パンデミックの根本的原因を追究しないままの忘却ぶり、この社会的変身は驚くべきことと言わねばならない。なぜならパンデミックの最中に私が翻訳刊行したフランスの調査ジャーナリスト、マリー＝モニク・ロバンの『なぜ新型ウイルスが、次々と世界を襲うのか？——パンデミックの生態学』（作品社）のなかで、関連諸分野の多くの学者や研究者が口をそろえて言うように、人間による自然破壊を背景として、今後いつなんどき同じような事態が生じるかわからない時代をわれわれは生きているからである。もちろん新型コロナ・パンデミックの終息宣言と相前後してウクライナ戦争が勃発し、さらにその後イスラエルによるパレスチナ侵略が新たに激発したことの影響もあろうが、新型コロナ・パンデミックのもたらした社会的影響についての言及は一挙に減少し、現在これを本格的に捉えなおそうという気配もない。しかし新型コロナウイルスが社会にもたらした影響は単に死者の数やワクチンの効用などに還元されるものではない。このウイルスの大流行は現代資本主義社会の成り立ち方を赤裸々に暴き出すとともに、人々の意識や無意識に大きな変化をもたらした。そしてそれはビフォが言うように、今後人類の未来に大きな影を投げかけることになるだろう。これが本書を読むにあたっての前提である。

そうした前提に立って本書を読み進めば、私があえて余計な解説をするまでもなく、ビフォの客観性と主観性が横断的に綯い交ぜになった独特のエクリチュール（これは創造的著作家の特性でもある）の森（ビフォ・ワールド）のなかで道に迷うこともないだろう。

ここで叙述されている世界はわれわれが直面している現実であると同時に、ビフォの脳内で生じた世界像でもある。それをどう感受するかは読者の方々の自由であるが、ビフォと長年つきあってきた私の受けとめ方の一端を訳者の義務として提示しておきたい。

ビフォとはパンデミックのあいだ時々メールのやりとりをしていた。イタリアは当初からパンデミックの影響がかなり大きかった国である。医療体制は崩壊しロックダウンが長引いた。ジョルジョ・アガンベンはこれを権力の過剰な人為的介入による全体主義への地均しであると批判し賛否両論を呼んだ（これについてはビフォも本書で触れているのでこれ以上言及しない）。ビフォはロックダウンで外に出られないので本がたくさん読めて、いい時間を過ごしているとシニカルなメールを送ってきたこともある。ことほどさように、本書にはさまざまな著作や論説からの引用が満載されていて、この時期のビフォの旺盛な読書ぶりがうかがわれる。ちなみに、ビフォのアクチュアルな引用がフランスやヨーロッパではなくアメリカの作家や論説からのものが多いのは、彼がヨーロッパは没落の一途をたどっていて、アメリカこそがこの時代の世界を先導すると同時に最先端の政治的・文化的現象の矛盾を体現し、かつ世界の未来のゆくえを占うためのフィールドであると認識しているからである（そのせいもあってか、ビフォの本は彼が最も影響を受けた思想家であるフェリックス・ガタリの母国フランスではアレルギー現象が起き、彼のイタリア語や英語の著書はほとんど仏訳されていない）。もちろんそうした世界認識はビフォにかぎったことではなく、最近死去したアントニオ・ネグリにしても同様であった。アメリカ最重視の是非はともかくとして、本書がビフォのそうした世界認識に基づいていることを頭に入れておきたい。

他方、本書は表題の示すとおり〈無意識〉の概念のアクチュアルな展開を思想的機軸としている。〈無意識〉の概念は周知のごとくフロイト由来である。〈第三の無意識〉とは何かということは、「序文」で簡潔に説明されているので、ここで改めて言及するまでもないだろうが、若干ふれておこう。

フロイト的無意識（第一の無意識）は、社会体制によって抑圧されたものが意識下に沈殿して意識に影響を与えるというネガティヴな概念であったのに対して、ドゥルーズ／ガタリが無意識とは社会を根底から生産するリゾーム状の工場であるとして、これをポジティヴな概念に転化した。しかしドゥルーズ／ガタリ的な無意識は必ずしも創造的な社会変革の方向に向かうのではなく、新自由主義的な抑圧的欲望の生産に向かう可能性も秘めていた。〈第三の無意識〉とは、この第二の無意識から脱却するための未来志向の概念としてビフォが創造しようとする生成変化的概念であると言うことができるだろう。それはすでに存在しているものではなく、その萌芽をビフォが感じ取ろうとする仮説的概念である（そもそも〈無意識〉という概念自体が仮説であること、しかしこの仮説によって多くの社会現象の霧が晴れてくることも事実であることを今一度思い起こしておこう）。したがって本書で展開されている論述は一種の〈無意識の進化論〉であると言うこともできるだろう。

本書はこの〈第三の無意識〉を希求するビフォが、新型コロナウイルス体験をきっかけにこれまでの自身の思想的活動家としての経験を総動員して、現在の世界情勢と人間精神の変容をミクロとマクロの複眼的視点から捉え直したものである。ここにはウイルス騒動によって右往左往する資本主義社会の諸相や人々の精神風景が鮮烈に描き出されているが、ビフォの関心はそこにとどまらず人類の遠い未来にまで進化論的に想像力を羽ばたかせる。その想像力はときに現実を誇張したり変形したりして妄想的様相をおびることもあるが、それにどこまでつきあうかは読者の方々の自由である。とりわけ結論部で展開される〈老化〉の問題や〈無〉（への生成）の問題についてのビフォの見解は、賛否は別にして傾聴にあたいするものだと私には思われる。〈老化〉を価値化して〝明るく〟受けとめようとするビフォの逆説的な〝絶望節〟は、若い世代には違和感があるかもしれないが、私にはなぜか〝心地よく〟響いてきた（年を取ったせいか？）と告白しておきたい。

それはともかく、本書でビフォが主要に西洋社会をターゲットに描き出した現代世界の精神風景は、当然のごとく日本にも通底していると言わねばならない。

パンデミック真っ盛りの当時、これ以上ないほど過熱した報道を行なった日本のマスメディアは、WHOが終息宣言をした頃からこの出来事にいっさい関心を失ったように口をつぐんでいる。自然災害と人為災害が重層して多大の被害や問題を引き起こした新型コロナ・パンデミック騒動をめぐる反省的思考や真実追究がどこかで行われている気配もない。新型コロナウイルスが自然発生したものか人為的に出現したものかということも、先に言及した拙訳書によると曖昧にされたままになっている。もちろん自然発生したにしても、人間による自然破壊が引きがねになって出現したウイルスであることは多くの学者によって確実視されているのだから、その意味では人為－自然的発生であるのはたしかなのだが、もうひとつの可能性として、これが中国とアメリカが関与していた武漢の実験室から事故的に流出したものかもしれない（つまり人間によってつくられたものかもしれない）という意味での人為説も払拭しきれないとマリー＝モニク・ロバンは論じている。

他方、新自由主義グローバリゼーションを背景にしたワクチン開発競争の実態も明らかになっていない。この競争に勝利したファイザーやモデルナなどの大手製薬会社の開発メカニズムの科学的・政治的背景も隠されたままである。のみならずワクチン接種の効果や後遺症についてもほとんど正確には知られていない。ワクチン接種後の死亡や体調不良についての調査報道もほとんど行われていない。これはむしろ隠蔽されていると言うべきであろう。

最近、自民党の〝裏金づくり〟のメカニズムの一端が暴露され話題になっているが、これは氷山の一角にすぎず、そもそも日本社会は隠蔽とごまかしが奥深くしみ込んだ社会だと言わねばなるまい。ワクチン接種をめぐる隠蔽とごまかしのメカニズムは経済的次元の問題もさることながら、なによりも直接人々の身体や生命に関わる問題である。にもかかわらず、政府とメディアがこれを隠蔽し続け、人々がそれに影響されて無関心になっている現状を思うと、なんたる社会になったのかとビフォのように絶望的な気分になる。地球環境に目をやると、ビフォがつねづね憂慮し本書でも言及している〝自然災害〟が世界のあちこちで頻発しているが、日本でも正月早々〝能登半島地震〟が起きた。そしてそれに対する政府や公的機関の対応の不備がまたしても指摘されている。

かくして新型コロナ・パンデミックの〝一見終息後〟の日本社会の機能実態や精神風景は、およそすべての次元においてビフォが本書で描き出した西洋社会のそれと変わりはないと言わねばならない。そうした世界規模の文明的劣化は、ウクライナ戦争やイスラエルによるパレスチナ人大量虐殺を止められない現状に象徴的に現れている。

しかしこの現状が静止状態のまま続行するとも思われない。ビフォは「日本語版序文」（これは訳者の要請に応えて昨年一一月に送ってきたもの）のなかで、総じて悲観的な展望を語っているが、同時に〈第三の無意識〉の動向にかすかな希望を託してもいる。私は〈世の中で起きていること〉と〈(人々の) 心の中で起きていること〉の断層の中に〈第三の無意識〉の集合的萌芽が潜んでいるのではないかと思っている。その萌芽を活性化させるのが、ビフォが本書でもたびたび喚起する（今や空文句にしか聞こえなくもない）〈愛と連帯〉（アナキストの言う〈相互扶助〉）なのか、あるいはそれ以外の何かなのかはわからない。それはおそらくおのおのの個人が意識の底辺に創造的測鉛を下ろして見つけださなくてはならない何かだろう。

航思社の大村智さんとは今回がはじめての共同作業である。出会いのときから真摯に応接していただき、くわえて訳文に関して丁寧で適切な助言をしていただき大変感謝している。あとはこの訳書を少しでも多くの人々が手にとってくれることを祈るばかりである。

二〇二四年二月末日

杉村　昌昭

【著者略歴】

フランコ・ベラルディ（ビフォ）
(Franco "Bifo" Berardi)

思想家、メディア・アクティビスト。1949年、イタリア生まれ。
ボローニャ大学で哲学を学び、雑誌『ア／トラヴェルソ』を創刊、自由ラジオ『ラディオ・アリチェ』を開局するなど、ネグリらとともにイタリア・アウトノミア運動を先導する。77年、政治的弾圧によりフランスへ逃れガタリらと交流し、のち渡米。インターネットをはじめとする新たなメディアを用いたネットワークの構築にとりくみ、活動の領域を広げた。日本語訳に『プレカリアートの詩』（河出書房新社）、『NO FUTURE』（洛北出版）、『大量殺人の"ダークヒーロー"』（作品社）、『フューチャビリティー』（法政大学出版局）など。

【訳者略歴】

杉村昌昭
（すぎむら・まさあき）

龍谷大学名誉教授。1945年生まれ。フランス文学・現代思想専攻。
著書に『資本主義と横断性』（インパクト出版会）、『分裂共生論』（人文書院）。訳書にラッツァラート『耐え難き現在に革命を！』（法政大学出版局）、モラン『戦争から戦争へ』、テヴォー『アール・ブリュット』（ともに人文書院）、アザン『パリ大全』（以文社）、ベラルディ（ビフォ）『フューチャビリティー』（法政大学出版局）、『大量殺人の"ダークヒーロー"』、アリエズ／ラッツァラート『戦争と資本』（共訳）（以上、作品社）、ガタリ『分子革命』『精神分析と横断性』（共訳）『精神と記号』、ドゥルーズ／ガタリ『政治と精神分析』（以上、法政大学出版局）など。

カバー写真：小林健太「Palm Tree #smudge」

第三の無意識 ウイルス時代の精神空間

著　者	フランコ・ベラルディ（ビフォ）
訳　者	杉村昌昭
発行者	大村　智
発行所	株式会社 航思社 〒301-0043　茨城県龍ケ崎市松葉6-14-7 tel. 0297(63)2592　／　fax. 0297(63)2593 http://www.koshisha.co.jp 振替口座　00100-9-504724
装　丁	前田晃伸
印刷・製本	モリモト印刷株式会社

2024年4月28日 初版第1刷発行

ISBN978-4-906738-49-6　C0010
Printed in Japan

資本の専制、奴隷の叛逆
「南欧」先鋭思想家8人に訊くヨーロッパ情勢徹底分析
廣瀬 純　四六判 並製 384頁　本体2700円
テロ、移民、負債、地方独立……「絶望するヨーロッパ」では何が起きているのか。イタリア、スペイン、ギリシャの最前線の思想家がラディカルに分析。日本の社会運動はそこからどのような教訓を得、自らを立て直すのか。

68年5月とその後　反乱の記憶・表象・現在
クリスティン・ロス 著　箱田 徹 訳
四六判 上製 478頁　本体4300円
ラディカルで行こう！　50年代末のアルジェリア独立戦争から、21世紀のオルタ・グローバリゼーション運動に至る半世紀、この反乱はいかに用意され、語られてきたか。現代思想と社会運動の膨大な資料を狩猟して描く「革命」のその後。

平等の方法
ジャック・ランシエール 著　市田良彦ほか 訳
四六判 並製 392頁　本体3400円
ランシエール思想、待望の入門書　世界で最も注目される思想家が自らの思想を、全著作にふれながら平易な言葉で語るインタビュー集。感覚的なものの分割、ディセンサス、無知な教師、不和、分け前なき者の分け前など、主要概念を解説。

哲学においてマルクス主義者であること
ルイ・アルチュセール 著　市田良彦 訳
四六判 上製 320頁　本体3000円
「政治／階級闘争における理論」へ！　革命の前衛であるはずの共産党が「革命」を放棄する——1976年の「危機」に対抗すべく執筆されたまま生前未刊行だった革命的唯物論の〈哲学史〉、幻の〈哲学入門書〉が、今ここに明かされる。

2011　危うく夢みた一年
スラヴォイ・ジジェク 著　長原 豊 訳
四六判 並製 272頁　本体2200円
この年に何が起きたのか？　ウォール街占拠運動、アラブの春、ロンドンやギリシャの民衆蜂起、イランの宗教原理主義の先鋭化、そして日本での福島原発事故と首相官邸前行動……革命の前兆なのか、それとも保守反動の台頭なのか？。

ヤサグレたちの街頭　瑕疵存在の政治経済学批判 序説
長原 豊　四六判 上製 512頁　本体4200円
ドゥルーズ＝ガタリからマルクスへ、マルクスからドゥルーズ＝ガタリへ！　『アンチ・オイディプス』『千のプラトー』と『資本論』『経済学批判要綱』を、ネグリやヴィルノ、ランシエール、宇野弘蔵などを介しつつ往還して切り拓くラディカルな地平。

存在論的政治　反乱・主体化・階級闘争
市田良彦　四六判 上製 572頁　本体4200円
21世紀の革命的唯物論のために　ネグリ、ランシエール、フーコーなど現代思想の最前線で、そして9.11、世界各地の反乱、3.11などが生起するただなかで、生の最深部からつむぐ政治哲学。『闘争の思考』以後20年にわたる闘争の軌跡。

天皇制と闘うとはどういうことか
菅 孝行　四六判 上製 346頁　本体3200円
真の民主制のために　沖縄、改憲、安保法制……70年代から天皇制論をものしてきた著者が、徳仁への代替わりを前に、敗戦後の占領政策、安倍政権批判に至るまでの反天皇制論を総括、民衆主権に向けた新たな戦線のための拠点を構築する。

天皇制の隠語（ジャーゴン）
絓 秀実　四六判 上製 474頁　本体3500円
反資本主義へ！　市民社会論、新しい社会運動、文学、映画……様々な「運動」はなぜ資本主義に屈するのか。日本資本主義論争からひもとき、小林秀雄から柄谷行人までの文芸批評に伏在する「天皇制」の問題を剔出する表題作のほか23編。

戦略とスタイル　増補改訂新版
津村 喬　四六判 上製 360頁　本体3400円
日常＝政治＝闘争へ！　反資本主義、反差別、反ヘイト、日中・日韓、核／原子力、フェミニズム、生政治、都市的権力／民衆闘争……〈いま〉のすべてを規定する「68年」。その思想的到達点。「日本の68年最大のイデオローグ」の代表作。

マルクスに凭れて六十年　自嘲生涯記 増補改訂新版
岡崎次郎　四六判 上製 400頁　本体3600円
老マルクス研究者の遺言　人民戦線事件、満鉄調査部、文庫版『資本論』出版の舞台裏など、左派の研究生活を赤裸々に綴った本書の出版翌年、車イスの妻を伴い「死出の旅路」に発った……。旧版から40年、待望の復刊。